자존감 되찾기

워크북

The Self-Esteem Workbook

Glenn R. Schiraldi, Ph.D

Copyright © 2016 by Glenn R. Schiraldi, Ph.D. and New Harbinger Publications, 5674 Shattuck Avenue, Oakland, CA 94609

Korean translation copyright © 2017 by ST PAULS, Seoul, Korea

자존감 되찾기 워크북

초판 발행일 2017. 8. 31
1판 2쇄 2021. 4. 21

글쓴이 그렌 쉬럴디
옮긴이 문종원
펴낸이 서영주
총편집 서영필
편집 손옥희, 김정희 **디자인** 송진희
제작 김안순 **마케팅** 서영주 **인쇄** 아트프린팅

펴낸곳 성바오로
출판등록 7-93호 1992. 10. 6
주소 서울특별시 강북구 오현로7길 20(미아동)
취급처 성바오로보급소 **전화** 944-8300, 986-1361
팩스 986-1365 **통신판매** 945-2972
E-mail bookclub@paolo.net
인터넷 서점 www.**paolo**.kr
www.facebook.com/**stpaulskr**

값 20,000원
ISBN 978-89-8015-896-6
교회인가 서울대교구 2017. 5. 24 **SSP** 1048

이 도서의 국립중앙도서관 출판예정도서목록(CIP)은 서지정보유통지원시스템 홈페이지(http://seoji.nl.go.kr)와 국가자료공동목록시스템(http://www.nl.go.kr/kolisnet)에서 이용하실 수 있습니다. (CIP제어번호: CIP2017020732)

이 책은 저작권법의 보호를 받으므로 무단전재와 무단복제를 금합니다.
이 책 내용의 전부 또는 일부를 재사용하려면 반드시 저작권자와 성바오로출판사의 동의를 얻어야 합니다.

그렌 쉬럴디 글 | 문종원 옮김

자존감 되찾기

워크북

성바오로

차례

감사 | 소개

Part 1

자존감 이해하기 011

| chapter 1 | 왜 자존감인가? | 013 |
| chapter 2 | 자존감과 자존감을 발달시키는 법 | 019 |

Part 2

요소 I 조건 없는 인간 가치의 실재 031

chapter 3	인간 가치의 기본	033
chapter 4	자기-파괴적인 사고들을 인지하고 대체하라	051
chapter 5	현실을 인정하라 '그럼에도 불구하고!'	075
chapter 6	당신의 핵심 가치를 존중하라	080
chapter 7	근간을 이루는 핵심-긍정하는 사고 습관을 형성하라	087
chapter 8	조건 없는 인간 가치에 대한 개관	092

요소 Ⅱ	**조건 없는 사랑 경험하기 095**	
chapter 9	조건 없는 사랑의 기초들	097
chapter 10	핵심 자기를 발견하고, 사랑하고, 치유하라	108
chapter 11	사랑의 언어	116
chapter 12	다른 사람들의 좋은 의견	122
chapter 13	긍정적인 특성들을 인정하고 수용하라	126
chapter 14	몸에 대해 감사하는 마음을 길러라	132
chapter 15	몸에 대해 감사하는 마음을 강화하고 연마하라	141
chapter 16	자기-사랑과 감사를 행사하라	147
chapter 17	사랑의 눈으로 하는 묵상	152
chapter 18	거울 속의 얼굴 좋아하기	154
chapter 19	조건 없는 사랑에 대한 개관	157

요소 Ⅲ 사랑의 적극적인 측면: 성장하기 **161**

chapter 20	성장의 기초들	163
chapter 21	당신이 완벽하지 않다는 것을 받아들여라	173
chapter 22	그냥 재미로 하라 (가능성들을 주의 깊게 살펴보기)	177
chapter 23	당신의 성격을 찬찬히 살펴보라	182
chapter 24	즐거움을 경험하라	190
chapter 25	실패에 대비하라	202
chapter 26	성장에 대한 개관	216
끝맺음	요약	219

부록

부록 1	고통 속에 있는 사람을 도와주는 모델	221
부록 2	자기 자신 용서하기	226
부록 3	사랑으로 과거를 어루만지기	230

참고 문헌

감사

그 누구도 우리보다 앞선 사람들의 어깨에 의지하지 않고는 확실하게 이해하지 못한다.

　나는 무엇보다도 메릴랜드 대학의 사회학 교수였던 고故 모리스 로젠버그Morris Rosenberg에게 감사의 말을 전하고 싶다. 로젠버그 박사의 학설, 정확한 연구, 그리고 가르침은 자존감에 대한 나의 사고를 크게 북돋았다. 마찬가지로 작고한 스텐리 쿠퍼스미스Stanley Coopersmith 박사에게도 감사한다. 로젠버그 박사의 연구와 연결된 그의 초기 연구는 이 책의 이론적 기반이 되었다.

　특히 클라우디아 하워드Claudia Howard에게 감사의 말을 전한다. 그의 끈기 있는 대화, 이론적 통찰력, 그리고 실용적 방안들이 없었다면 나의 사고는 진전이 없었을 것이다.

　나에게 사고를 즐겁게 할 수 있도록 가르침을 준, 보건 대학 학장 존 버트John Burt에게 감사한다. 그의 수업 '인간의 스트레스와 긴장을 파악하는 방법들'Ways of knowing about human stress and tension을 함께하면서, 나는 처음으로 스트레스와 자존감과 관련된 이론을 실제에 적용하려고 씨름했다.

그리고 자존감 수업의 이론과 실제를 발전시키는 데 도움을 주었던, 몇몇의 나이가 많거나 어린 메릴랜드 대학교 학생들에게 감사한다.

4장에 나는 영향을 준 인지 이론가들과 전문의들에게 감사의 마음을 표한다. 앨버트 엘리스Albert Ellis는 ABC 모델, 파국화, '해야 한다'를 고안했다. 아론 벡Aaron Beck은 자동적 사고, '왜곡'이라는 용어, 현재 인지 이론에서 사용하는 대부분의 왜곡들, 핵심 믿음들의 개념, 사고와 왜곡 그리고 기분을 기록하기 등에 대한 개념을 고안했다. 데비드 번스David Burns는 벡Beck 이론들을 아주 훌륭하게 적용해서 「Feeling Good」(기분이 좋음)을 썼다. 러셀 넬슨(Russell M. Nelson, *The Power Within Us* 우리 내면에 있는 힘), 스쿨로스버그 L. Schlossberg와 자우데마(G. D. Zuidema, *The Johns Hopkins Atlas of Human Functional Anatomy* 인간 기능 해부 도감), 미국 지리학 협회(National Geographic Society, *The Incredible Machine* 놀라운 기계), 그리고 랫클리프(J. D. Ratcliff, *I Am Joe's*… series)를 포함해, 14장에 영감을 준 사람들에게 깊은 감사를 드린다.

나는 특히 놀라운 인내심으로 이 원고를 작성한 베브 모니스Bev Monis에게, 그리고 원본에 아름다운 그래픽을 만들어 준 캐럴 잭슨Carol Jackson에게 감사한다. 이 책의 그래픽은 거기에 기초했다.

마지막으로, 뉴 하빙거New Harbinger 출판사, 특히 패트릭 패닝Patrick Fanning, 주엘리 개스트워스Jueli Gastwirth, 케이시 패프Kasey Pfaff, 아미 숩Amy Shoup, 그리고 미셸 워터스Michele Waters와 같이 훌륭하고 성실한, 그리고 용기를 북돋아 준 모든 사람들에게 진심으로 감사한다.

소개

우리는 우리 자신을 근본적으로 경이로운 존재로 보아야 한다.

버지니아 사티어 Virginia Satir

자존감이 행복의 유일한 결정 요소는 아니다. 확실한 것은 자존감이 가장 중요한 것 중 하나라는 것이다.

대중의 사랑을 받은 원로 코미디언 조지 번스(George Burns 1984)는 사람들을 행복하게 하는 건강이나 결혼, 가정을 꾸리는 것, 자기 존중 등이 저절로 오지 않는다는 것을 알고 있었다. 우리는 '그렇게 되려고 조금씩 노력'해야 한다.

자존감 역시 그렇다. 정원을 가꾸는 일처럼 자존감을 형성하는 것도 지속적인 노력을 요한다. 이 책에 소개된 프로그램은 하루에 약 30분, 대략 125일 이상 하도록 짜여 있다. 이 투자가 과연 그럴 만한 가치가 있을까? 짧은 기간은 물론이고 긴 기간 동안 자존감이 정신적 안녕과 신체적 안녕에 큰 영향을 미친다는 것을 고려할 때 조그마한 노력도 가치가 있을 것 같다.

지금 시작하려는 이 프로그램은 '스트레스와 건강한 정신'의 핵심 요소로, 내가 메릴랜드 대학교에서 발전시키고 가르친 과정이다. 이 과정은 18~68세 성인들 사이에서 우울증, 불안, 적대감 증상들을 줄여 주면서, 자존감을 증진시키는 법을 발전시켜 왔다(쉬럴디와 브라운Schiraldi and Brown 2001; Brown and Schiraldi 2000). 비록 성인들을 대상으로 만들어졌지만, 이 책에 나오는 원리와 기법은 청소년들에게도 똑같이 적용될 수 있으며, 약간 단순화하면 어린이들에게도 유용할 수 있다.

자존감 이해하기

Part 1

chapter 1
왜 자존감인가?

자존감이 높은 사람은 얼마나 행운아인가? 자기 미움이 건강과 성취를 손상시키는 반면에, 자존감이 정신적·신체적 건강에 중심이 된다는 데 일반적으로 동의한다. 다음은 자기 미움이 영향을 미치기 쉬운 것들이다.

- 우울증
- 불안
- 스트레스 증상들
- 두통, 불면증, 피로, 소화기 계통의 장애 등의 심신 증세(정신적 스트레스로 인한 위궤양, 고혈압, 협심증, 원형 탈모증 등 신체에 이상을 가져오는 질환)
- 적대감, 과도한 또는 고질적인 분노, 다른 사람에 대한 미움과 불신, 경쟁
- 배우자와 아동 학대
- 학대하는/불행한 관계에 빠져듦

- 알코올과 약물 남용
- 섭식장애와 건강에 해로운 음식 섭취
- 미숙한 의사소통(이를테면 소극적·공격적·방어적·비판적·비꼬는 유형)
- 방탕함
- 의존
- 비판에 민감함
- 다른 사람에게 잘 보이기 위해서 허세를 부리는 경향
- 사회적 어려움–위축됨, 외로움
- 초라한 성취/학업 성취
- 문제에 몰두함
- 지위 걱정

자기 미움이 보이지 않는 장애라고 하는 것은 놀라운 일이 아니다. 반대로, 자존감은 전반적인 삶의 만족과 깊은 관련이 있다. 1992년 갤럽 조사에서 응답자의 89%가 자존감은 한 개인이 열심히 일해 성공하도록 동기를 부여하는 데 매우 중요하다고 말했다. 동기를 부여하는 것으로서 자존감은 어떤 다른 변수보다 더 높은 평가를 받았다. 따라서 자존감이 높은 사람들이 건강한 행동을 할 가능성이 더 높은 것은 놀라운 일이 아니다. 자존감이 높은 사람들이 더 친화적이고, 표현을 더 잘하고, 더 적극적이고 자기 자신과 다른 사람들을 더 신뢰하고, 내면의 문제들과 비판으로 인해 고통을 덜 받는 경향이 있다(쿠퍼스미스Coopersmith 1967). 정신적 장애로 인해 집중 공격을 받을 때 자존감이 높은 사람들이 전문적인 도움에 더 잘 응답하는 경향이 있는 반면에, 회복 중인 알코올 중독자들 가운데 자존감이 높은 사람은 원래의 상태로 돌아

갈 가능성이 덜하다(메카Mecca, 스멜서Smelser, 바스콘셀로스Vasconcellos 1989; 부록 1 참조) 실제로, 어떤 사람들은 자존감을 가질 때의 불이익을 알아내기 위해서 문헌을 연구하는 헛수고를 한다. 그래서 이 책은 자존감이 원치 않는 스트레스, 병 증상들을 줄이는 데 도움을 줄 뿐만 아니라, 인간 성장의 중요한 기반이 된다는 것을 전제로 한다.

자존감의 중요성에도 불구하고, 놀랍게도 자존감을 형성하는 데 직접적으로 초점을 맞추는 데 관심을 갖지 않는다. 오히려 간접적으로 그렇게 한다. 예를 들어, 자주 이야기되는 심리 치료의 목적은 자존감을 형성하는 것이다. 그러나 병 증상을 줄이는 것이 간접적으로 자존감을 형성할 것이라는 가정은 지지를 받지 못한다. 몇몇 잘하려는 사람들이 포괄적인 접근 없이 건전하지 않은 원리들에 기초한 빠른 해결책을 제시하지만, 결국은 실제적으로 자존감에 손상을 입힐 수 있다.

이 책은 건강하고 실제적이며 일반적으로 안정적인 자존감을 형성하도록 도움을 주는 확실한 원리들을 기반으로 한 단계별 계획을 제시한다. 이 접근법은 여기에 나오는 기술들을 실제로 적용하고 실행할 것을 요구한다. 단순히 지식을 갖는 것에서 그치지 않는다. 각각의 자존감 기술은 그에 선행되는 기술들을 숙달하는 것에 기반을 두고 있다. 에이브러햄 매슬로Abraham Maslow가 언급하듯이, 자존감을 발달시키는 것은 많은 그리고 중요한 충격을 요한다(로우리Lowry 1973). 그러므로 이 책을 빨리 통독하려는 경향에 저항하라. 대신에 다음 단계로 넘어가기 전에 각각의 기술을 적용하고 숙달하겠다고 지금 약속하라.

시작하면서

다음에 나오는 자존감 검사는 이 책을 끝까지 읽어 나갈 때 진행 과정을 측정할 수 있는 시작점을 제공할 것이다. 검사를 하는 것은 또한 이 책이 추구하는 목적 몇 가지를 보강해 줄 것이다. 각자에게 이미 형성된 자존감의 수치가 있음을 깨닫는 것은 위안이 된다. 이 검사는 전혀 어렵지 않다. 그리고 자기 점수를 다른 사람과 비교하는 것은 전혀 중요하지 않다. 그러므로 편안하게 할 수 있는 한 온전히 정직하게 하라.

자존감 검사

먼저 다음 각 진술들을 얼마나 믿고 있는지 0에서 10까지 등급을 매긴다. 0은 전혀 믿지 않는다는 것이고, 10은 그것이 정확히 사실이라고 생각한다는 의미이다.

진술	등급
1. 나는 가치 있는 사람이다.	
2. 나는 (어떤) 다른 사람만큼 가치가 있다.	
3. 나는 잘 살 수 있는 자질들을 갖고 있다.	
4. 거울을 통해 나의 눈을 들여다보면 즐거운 느낌이 든다.	
5. 나는 전반적으로 실패자처럼 느끼지 않는다.	

6. 나는 나 자신에 대해 웃을 수 있다. ....

7. 나는 나이기 때문에 행복하다. ....

8. 다른 사람들이 나를 거부할 때조차도
　 나는 나 자신을 좋아한다. ....

9. 나는 일어나는 일에 관계없이,
　 나 자신을 사랑하고 지지한다. ....

10. 나는 대체로 내가 한 인간으로서
　　 발전하고 있는 방식에 만족한다. ....

11. 나는 나 자신을 존경한다. ....

12. 다른 어떤 사람이 아니라
　　 나 자신이 되는 것이 더 낫다고 생각한다. ....

전체 점수 ＿＿＿＿

그다음, 다음에 나오는 범위에 자신의 자존감 등급을 매긴다(고티에Gauthier, 펠르렝Pellerin, 르노Renaud 1983).

```
0                                                    100
├─────────────────────────────────────────────────────┤
자존감이                                              자존감이
완전히 결핍됨                                         완전히 충만함
```

자신의 응답 ＿＿＿＿

자존감으로 인한 어려움 때문에 얼마나 자주 당신이 하는 활동들이 제한을 받는다고 느끼는가?

자신의 응답 _____

자신의 자존감에 대한 문제는 얼마나 심각한가?

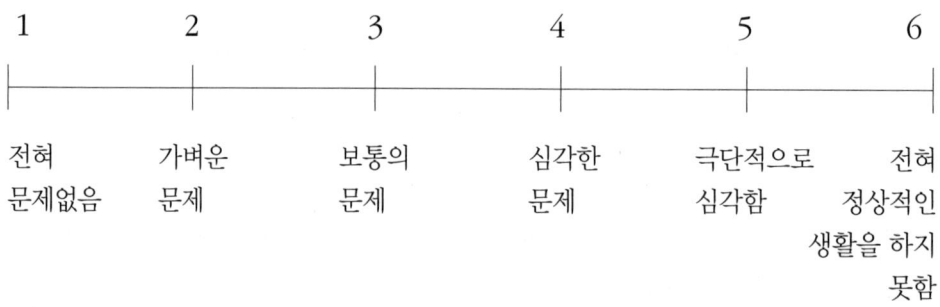

자신의 응답 _____

chapter 2

자존감과 자존감을 발달시키는 법

무엇이 자존감에 이르게 하는가? 연구에 의하면 아주 확실하다. 자존감을 갖고 싶다면 부모를 잘 선택하면 도움이 된다. 자존감이 있는 아이들은 그 부모가 자존감의 모델이 되는 경향이 있다. 이 부모들은 항구하게 자신의 아이들을 사랑하고, 아이의 삶과 친구들에 대한 관심을 표현하며, 시간을 할애하고 용기를 북돋는다. 이웃에게 다음과 같이 말한 남자가 기억난다. "당신은 왜 아이와 함께 자전거를 고치면서 하루 온종일을 보내나요? 자전거 수리소에 가면 한 시간 안에 고칠 수 있을 텐데요." 그러자 그 이웃은 이렇게 대답했다. "나는 자전거를 고치는 것이 아니라, 아들을 만들고 있기 때문입니다."

자존감 있는 아이들의 부모는 높은 규범과 기대를 가지고 있지만, 그 기대는 확실하고 합리적이고 지속적이다. 그리고 아이들에게 지지와 격려를 보낸다. 훈련 스타일은 민주적이다. 이는 아이의 의견과 개성은 존중받지만, 중요한 문제에 대한 최종 결정은 부모가 한다는 말이다.

간단히 말해서, 부모는 실제로 다음과 같이 말하며 메시지를 전한다. "나는 너를 신뢰하지만, 네가 완벽하지 않다는 것을 알고 있단다. 그래도 나는 여전히 너를 사랑한다. 그래서 나는 너를 안내할 시간을 내고, 한계를 정하고, 너를 훈련시키고, 그리곤 네가 최선을 다할 것을 기대한단다. 나는 너를 믿고 너를 소중하게 여기니까." 이러한 메시지는 권위적인 부모가 전하는 불신이나, 지나칠 만큼 무엇이든 허용하는 방임적인 부모가 전하는 돌봄의 결핍과는 전혀 다르다.

어떤 사람들은 이러한 부모의 선례가 전혀 없어도 자존감을 갖고 있다. 이 사실은 다음과 같은 중요한 의문을 제기한다. 그러한 선례 없이 자존감은 어떻게 형성되는가? 대부분의 사람들은 우리가 하는 것, 기술, 성격 특성, 달란트 또는 다른 사람들로부터 수용되는 것에서 가치를 얻는다고 생각한다. 다시 말하지만, 이 가운데 그 어떤 것도 자존감을 형성하는 데 좋은 출발점이 되지는 못한다. 그렇다면 우리는 어디서 출발해야 하는가? 자존감이 무엇인지 검토하는 것에서 시작해 보자.

자존감은 무엇인가?

자존감은 일반적으로 쉽게 변하지 않는다. 그러나 다른 것(신체적 건강, 화학 반응, 외모, 관계들) 사이에서 영향을 받을 수 있는 사고 패턴에 따라, 심지어는 매일 변할 수 있다. 자존감이 높아질 수도 낮아질 수도 있다는 사실은 낙천적일 수 있는 이유이다. 그것은 자존감을 변화시킬 수 있다는 것을 암시하기 때문이다.

자존감에 대한 정의는 우리 여정의 핵심이다. **자존감**은 자기 자신에 대한 현실적이며, 진가를 인정하는 평가이다. **현실적**이라는 말은 정확하고 정직하다는 의미이다. 진가를 인정한다는 말은 긍정적인 느낌들과 좋아한다는 것을 내포한다. 어떤 사람은 자존감이 높고 낮은 것에 대해서 이야기하지만, 이는 자존감을 경쟁적이고 비교하는 숫자 맞추기 게임처럼 보이게 한다. 사람들이 자신에 대해 현실적이고 진가를 인정하는 평가를 내릴 때 자존감이 있다고 이야기하기를 더 좋아한다. 자존감은 공정하게 **자기-파괴적인 수치심**과 **자기-파괴적인 자부심** 사이에 서 있다.

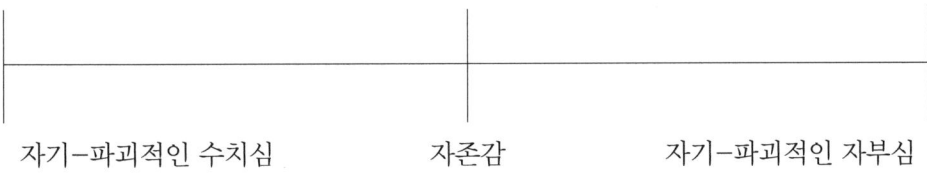

자기-파괴적인 수치심　　　자존감　　　자기-파괴적인 자부심

자기-파괴적인 자부심을 가진 사람들은 인간 이상이 되려고 애쓴다. 그들은 거만하고 자기애적인데, 이는 그들이 한 인간으로서 다른 사람들보다 더 훌륭하거나 더 중요하다고 생각한다는 의미이다. 다른 사람들에 대한 그들의 관점은 수직적이거나 비교하는 것인데, 꼭대기에 있다는 것은 다른 사람들이 그들보다 반드시 아래쪽에 있어야 한다는 말이다. 흔히 자기 파괴적인 자부심은 불안정에 뿌리하고 있다. 유명한 독재자들의 삶을 탐구해 보라. 그러면 종종 앞서 이야기한 부모의 선례가 전혀 없는 것을 발견할 것이다.

자기-파괴적인 수치심이나 **자기-파괴적인 겸손**을 가진 사람들은 자신이 다른 사람들보다 못하다고 믿는다. 그들은 사람들을 수직적으로 보는 동시에, 자신을 흙의 먼지로 본다. 그들은 자신에 대해 비현실적이고 자신의 진가를 인정하지 않는다.

위의 견해와 대조적으로 자존감이 있는 사람은 자신이 인간 이상도, 이하도 아니라고 믿는다. 자신의 결점과 다듬어지지 않은 점들을 알고 있기 때문에 그들은 여전히 깊이 있고 고요하게 그들 자신이 되는 것을 기뻐한다(브릭스 Briggs 1977). 그들은 나에 대해 잘 알고 있는 좋은 친구와 같다. 그리고 어쨌든 안전하지 못함과 함께 동시에 존재하는 선함, 뛰어난 부분, 잠재력을 알고 있기 때문에 나를 좋아한다. 자존감이 있는 사람들은 다른 사람들을 수평적인 차원 또는 수평적인 측면에서 동등하게 본다.

자존감과 관련된 개념들

자존감과 관련된 개념들은 다소 혼란스럽고 복잡할 수 있기 때문에 자존감은 자주 무시된다. 관련 개념들을 분명히 함으로써 이러한 혼란의 몇 가지를 해결해 보자.

정체성

정체성은 다음의 질문에 대한 대답이다. "나는 누구인가? 무엇이 나와 나의 본질적 인격을 정의하는가?" 정체성은 자기 자신과 자신의 개성에 대한 지각을 제공한다(예를 들어, 어떤 여성의 정체성은 아내로서의 역할을 통해서 갖게 된다. 하반신이 마비된 환자의 정체성은 불구가 된 몸이 아니라, 진정한 자기 또는 내면의 자기를 통해서 분명해진다).

진가를 인정하는 것

어떤 사람이나 어떤 사물(일)을 좋게 생각하는 것, 소중하게 여기는 것, 즐기는 것, 고맙게 여기는 것, 그것의 특징이나 가치를 **올바르게** 평가하는 것이다.

수용

호의적으로 기쁘게 받아들이는 것(예를 들어 그 자체로 받아들이는 것), 인정하는 것, 믿는 것, 호의적으로 응답하는 것이다. **자기-수용**은 자기 자신을 믿는 것이고 자신을 호의적으로 기쁘게 받아들이는 것이다. 어떤 사람은 정확히 자신의 약점을 인정하고 개선하기로 결심하면서 자기 자신을 받아들일 수 있다. 내면의 대화는 다음과 같을 수 있다. "나는 나의 결점을 인정해. 나의 모든 행동을 반드시 다 사랑하지는 않지만, 나 자신을 사랑해. 내 행동을 개선할 때 나는 나와 나 자신의 행동에 관해서 좋게 느낄 수 있어."

자신감

보통은 자신의 능력에 대한 믿음을 말한다. 능력과 자기-효능성과 관련이 있다. 어떤 사람의 능력이 커질 때 그 사람의 자신감도 커진다. 보다 넓고 깊은 의미에서 **자신감**은 한 인간으로서 자신에 대한 믿음이며 '나는 그것을 할 수 있다.'라는 일반적인 의식으로 이끈다. 자신감이 있는 사람들은 자신에게 다음과 같이 말할 수 있다. '누군가는 어떤 것을 정확하게 할 수 있다고 하는데(주어진 시간, 훈련, 경험, 자원 등), 나는 왜 할 수 없을까? 내가 완벽하게 또는 빠르게 할 수 없을 수도 있겠지만, 방향은 바람직할 거야.' 능력을 입증하는 것은 만족스러운 것이지만, 그것은 자기-가치의 결과물이지 자기-가치를 입증하는 방식은 아니다.

능력과 자신감은 자존감과 상호 관련이 있지만 인과 관계는 아니다. 우리가 자기 가치의 느낌들을 능력과 성취에 근거를 둔다면 실패할 때는 가치가 전혀 없다는 것이 된다.

자부심

영국 사목자 찰스 케일럽 콜턴(Charles Caleb Colton 1780-1832)은 다음과 같이 썼다. "자부심은 몇몇 사람들을 우스꽝스럽게 만들지만 다른 사람들이 그렇게 되는 것을 막는다." 그것이 자존감과 관련이 될 때 자부심에는 자기-파괴적인 자부심과 건강한 자부심 두 가지 측면이 있다.

앞서 이야기했듯이 **자기-파괴적인 자부심**은 어떤 사람이 한 인간으로서 다른 사람보다 더 우월하고, 더 가치 있고, 더 중요하다고 여기는 태도이다. 그런 사람은 또한 자신을 실제보다 더 능력 있고, 자급자족할 수 있고, 잘못이 전혀 없는 존재로 지각한다. 자기-파괴적인 자부심의 동의어로는 오만함, 거만함, 자만심, 허세(감명을 주려고 애쓰는), 허영심(존경받고자 하는 과도한 열망이나 욕구), 자기 도취(이기주의나 과장된 자의식, 착취) 등이 있다. 자기-파괴적인 자부심은 전형적으로 두려움(상처 입을 것을 두려워하듯이)과 자기 방어의 필요성에 뿌리를 두고 있다.

건강한 자부심은 자기 자신의 존엄성이나 가치, 자기 존중, 감사와 자기 성취에 대한 희열, 달란트, 봉사 또는 일원(가족이나 인종 안에서)에 대한 현실적인 지각이다.

겸손

겸손에도 역시 자기-파괴적인 겸손과 건강한 겸손 두 가지 측면이 있다. **자기-파괴적인 겸손**은 초라한 자기 존중의 결핍('흙의 먼지' 같은)과 줏대 없는 복종, 비열함이다.

반면, **건강한 겸손**은 자기-파괴적인 자부심이 아니며 불완전함이나 약함에 대한 인정, 자기 자신의 결점과 무지에 대한 지각, 가르침을 잘 받으려는 자세 등을 포함한다. 그것은 모든 사람이 동등하게 가치가 있다는 깨달음이다. 건강한 겸손은 온순한 행동(긍정적인 의미에서), 호의적인 온화함, 인내, 화에 쉽게 동요되지 않는 것과 관련이 있다.

건강한 겸손과 건강한 자부심은 자존감이 있는 사람 안에 같이 존재한다. 겸손은 한 사람이 여전히 배워야 할 것이 얼마나 많은지를 깨닫는 것이기 때문이고, 자부심은 한 사람이 모든 다른 사람들과 나누어 갖는 존엄성과 가치를 인정하기 때문이다.

다음 이야기(드 멜로De Mello 1990)는 건강한 겸손이 결핍된 사람과 관련이 있다. 구루가 한 학자에게 조언을 했다.

"빗속으로 나가 팔을 위로 뻗어 보세요. 그러면 계시를 받을 수 있을 거예요."

다음 날 그 학자가 보고했다.

"당신 조언대로 하니까 목으로 물이 흘러내렸어요."

그리고 계속해서 말했다.

"내가 완전히 바보처럼 느껴졌어요."

구루가 대답했다.

"첫날치고는 엄청난 계시였네요."

이기심

어떤 사람들은 이기심을 자존감과 같은 것이라고 잘못 생각한다. 그래서 중요한 원리들을 이야기하고자 한다. 자존감의 목적은 자신을 뛰어넘는 것이다. 자기-의식은 자신의 초점을 내면으로 유지하게 하는 고통스러운 상황이다. 사랑으로 고통을 치유하는 것은 초점을 밖으로 확대할 수 있게 해 주며, 다른 사람들을 사랑하고 삶을 즐길 수 있도록 더 자유롭게 해 준다. 자존감이 있는 사람은 안전한 토대에서 선택함으로써 사랑한다(자존감도, 선택권도 갖고 있지 않은 상호 의존적인 사람과는 반대로). 따라서 자존감을 형성하는 것은 우리가 하는 최상의 노력들을 보증해 준다.

대가/이익 분석

어떤 사람들은 몰라서 자존감을 형성하지 못한다. 그러나 믿기 어려울 정도로 어떤 사람들은 자기 미움에 분명한 이득이 있기 때문에 자존감을 형성하는 것에 저항한다. 자존감을 형성하는 시간을 투자하기 전에, 새로운 계획을 고려하기 전에 유능한 관리자가 했던 것을 해 보자. 곧 대가/이익 분석을 말한다. 우선, 자신이 생각할 수 있는 자기 미움이 주는 모든 이익들을 목록으로 만든다. 그런 다음 모든 불이익들을 목록으로 만든다. 다음에 몇 가지 예들이 있다. 그다음 자신의 목록을 채운다.

자기 미움이 주는 이익들의 예
- 위험이 없다. 나는 나 자신이나 다른 사람들에 대한 기대가 전혀 없다. 나는 게을러도 되고 낮은 목표들을 설정해도 된다. 그리고 나 자신이나 다른 사람들에 대해 거의 실망하지 않을 것이다.
- 세상은 예측이 가능하다. 내가 나 자신을 받아들이지 않기 때문에 사람들

이 나를 받아들이지 않을 때 이해한다. 나는 시도할 필요가 없다는 것을 이해한다.
- 나는 때때로, 최소한 처음에는 동정과 관심을 얻는다.
- 자기 미움은 가족의 규칙이다. 이 패턴을 따를 때 내가 그들과 조화를 이루고 있는 것처럼 느낀다.
- 자기 미움은 자기-파괴적인 자부심을 발달시키는 것을 막아 준다.
- 그것은 나의 옷을 입는/단장하는 서투른 습관을 정당화해 준다.

자기 미움이 주는 불이익의 예들
- 매우 고통스럽다.
- 삶이 전혀 재미가 없다.
- 정신과 신체에 관련되는 증상과 병을 낳는다.
- 그것은 악순환을 일으킨다. 나 자신에 대해 낮은 평가를 하기 때문에 나는 시도를 하지 않는다. 그렇기 때문에 다른 사람들이 나를 하찮게 여긴다. 그들은 나의 비관주의와 무관심을 무능력하다는 표시로 해석한다. 나에 대한 그들의 변변치 않은 대우는 내가 나 자신에 대해 내리는 낮은 평가를 분명하게 보여 주는 것이다.

자신의 개인적 이익과 불이익

이익	불이익
(자기 미움이 주는 좋은 점은…)	(자기 미움이 주는 나쁜 점은…)

감정적 변화의 유익들

이러한 분석은 아주 중요한 질문들을 제기한다. 물론, 궁극적인 질문은 다음과 같다. 자기 미움은 나에게 감정적·신체적 또는 사회적 손상과 관련된 문제들인가? 또 다른 질문들이 있다. 자존감을 형성하고 관심, 도움, 안전 등에 대한 나의 욕구들을 충족시킬 방법들이 있는가? 나는 자존감이 주는 이익을 얻기 위해서 자기 미움이 주는 어떤 이익을 잃는 위험을 기꺼이 감수하고 있는가? 성장의 대가를 계산하고 치르기로 결정하자마자 진전을 보이기 시작할 것이다.

어떤 사람은 변화가 시작되기 전에 미리 상황을 살피는 것이 도움이 된다는 것을 알고 있다. 다음 질문에 대답해 본다. 나 자신에 대해 내가 가진 현실적이고 진가를 인정하는 긍정적인 결과들은 무엇일까?

다음은 응답의 몇 가지 예시들이다.

- 쉽게 설득당하지 않을 것이다.
- 두려움 때문에 움직이지는 않을 것이다.
- 즐거움과 개인적 만족에 의해 더 많이 동기화될 것이다.
- 더 행복할 것이다.
- 더 노력하고/위험을 감수할 것이다.
- 나의 다듬어지지 못한 점에 대해 더 편안해하고 기꺼이 그것들을 작업할 것이다.
- 내가 관계를 맺고 있는 사람들과 더 행복하게 지내고, 가치가 없다고 생각하는 사람들 옆에는 덜 머물 것이다.
- 나의 느낌들을 표현하는 데 더 편안해질 것이다.
- 덜 이기적이고 덜 자기-보호적이 될 것이다.
- 일이 잘못될 때 나 자신과 나의 행동들에 대해서 덜 의심할 것이다.

- 걱정을 덜 할 것이다.
- 더 충분히 존중받고 대우를 잘 받을 것이다.
- 더 매력적이라고 생각하게 될 것이다.
- 삶을 더 즐길 것이다.
- 더 좋게, 더 객관적으로 결정을 할 것이다.
- 나는 나의 존재 자체에 대해 좋게 느낄 것이고, 내가 되고 싶어 하는 가짜 인물에 대해서는 좋게 느끼지 않을 것이다.

자신의 답을 적어 본다.

자존감을 어떻게 형성할 것인가

자존감을 변화시키는 것은 먼저 자존감을 형성하는 데 기반이 되는 요소들을 이해하는 것이다. 자존감은 첫째 조건 없는 인간 가치, 둘째 사랑, 마지막으로 성장이라는 세 가지 순차적인 요소들에 기반을 둔다.

세 가지 요소 모두가 자존감을 형성하는 데 중요하지만, 순서가 아주 중요하다. 자존감은 우선 조건 없는 가치에 기반을 두고, 다음이 사랑, 그다음이 성장이다. '성장'(또는 꽃이 피는 것)은 열망하는 방향으로 움직이는 것을 말한다. 너무나 많은 사람들이 '성장'으로 시작하려고 애쓰면서, 첫 번째와 두 번째 중요한 요소인 조건 없는 가치와 사랑을 무시하기 때문에 좌절한다. 안전한 기반이 없으면 자존감은 떨어진다. 그 진행 과정은 건너뛸 수 없다.

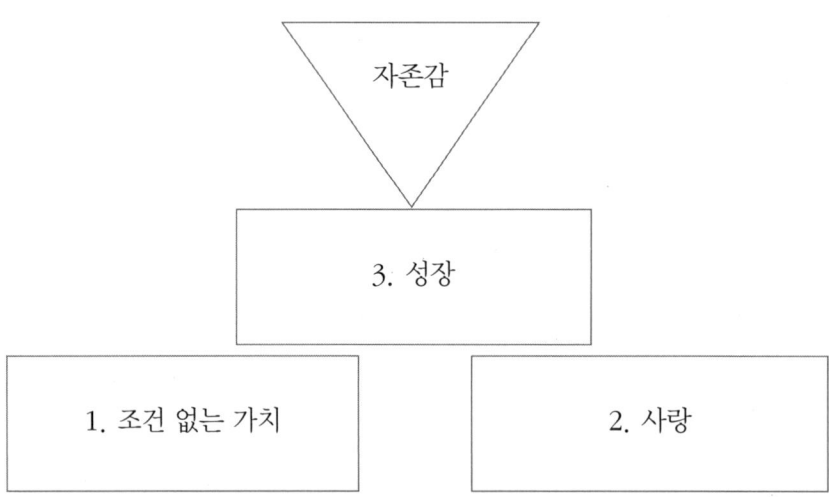

 이 책의 나머지 부분은 건강한 자존감을 형성하는 데 필요한 기술들을 쌓아 올리는 것을 순차적으로 다룬다. 2부의 '요소 Ⅰ'에서는 조건 없는 인간 가치에 초점을 맞추고, '요소 Ⅱ'에서는 사랑을 소개하고, '요소 Ⅲ'에서는 성장에 초점을 맞춘다.

요소 I
조건 없는 인간 가치의 실재

Part 2

chapter 3
인간 가치의 기본

조건 없는 인간 가치는 당신의 본질적인 핵심 자기가 독특하고, 귀중하고, 무한하고, 영원하고, 변하지 않는 가치이며 선하기 때문에 한 인간으로서 중요하고 소중하다는 의미다. 조건 없는 인간 가치란 당신이 어떤 다른 사람만큼 귀중하다는 뜻이다.

하워드의 인간 가치에 관한 조항들

조건 없는 인간 가치는 클라우디아 하워드(Claudia A. Howard, 1992)의 연구에 기초한 다섯 가지 원리로 아름답게 묘사되는데, 나는 그것을 하워드 조항이라고 부른다.

1. 모든 사람은 **인간으로서** 무한하고, 내적이고, 영원하고, 조건 없는 가치를 지니고 있다.
2. 모든 사람은 사람으로서 똑같은 가치를 지니고 있다. 가치는 비교에 의한 것도, 경쟁으로 결정되는 것도 아니다. 당신이 스포츠나 학업 또는 사업에서 더 잘할 수 있다 하더라도, 사회생활을 하는 기술에서는 내가 더 나을 수 있다. 우리는 모두 인간으로서 똑같은 가치를 지니고 있는 것이다.
3. 외적인 것들이 가치를 더해 주거나 손상시키지 못한다. 외적인 것들은 돈, 외모, 성취, 실적과 같은 것들을 포함한다. 이러한 것들은 **시장에서 경쟁력**이나 사회적 가치를 더해 줄 뿐이다. 그러나 한 인간으로서의 가치는 무한하며 변하지 않는다.
4. 가치는 안정적이며 결코 위험에 빠지지 않는다(어떤 사람이 당신을 거부한다 하더라도).
5. 우리는 가치를 얻을 필요도 없고 증명할 필요도 없다. 그것은 이미 존재한다. 단순히 그것을 인정하고 받아들이고 감사하라.

핵심 자기

때때로 본질적인, 영적인 자기라고 불리는 **인간의 핵심**은 깎인 면이 햇빛을 아주 아름답게 반사하는 유럽의 크리스털(수정)과 같다.

핵심 자기

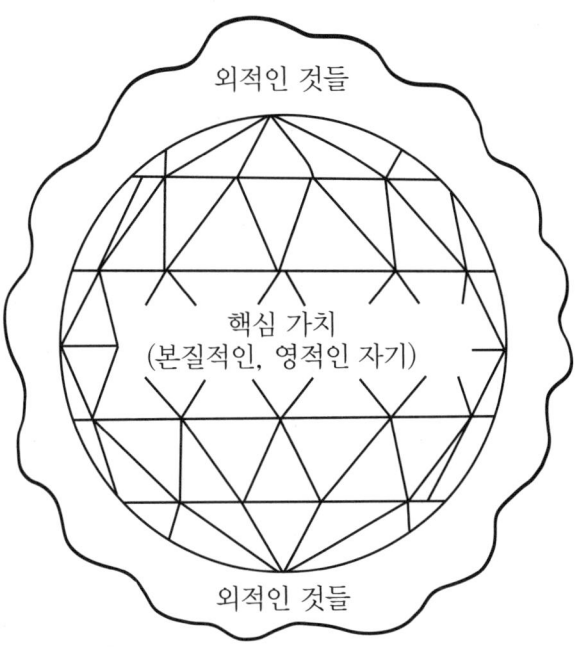

갓 태어난 아기와 마찬가지로, 핵심은 근본적으로 올바르고 온전하다. 이미 완전하지만 아직 완전하게 되지 않았다. **완전하게 된다**는 것은 충분히 발달하고 완성된다는 의미이다. 한 사람 한 사람은 다른 모든 사람들이 갖고 있고 필요로 하는 모든 속성, 미완성의 모든 속성을 갖고 있다는 의미에서 **완전**하다. 핵심은 아름답고, 사랑스럽고, 충분한 잠재력이 있다. 핵심 자기의 내면의 특징은 친절하고 인정미가 넘치는 스승 조지 듀랜트(George Durrant, 1980)가 이야기한 다음의 일화에서 입증된다.

한 남자가 아이들과 마루에서 레슬링을 하다가 너무 힘들어서 죽은 척하기로 마음먹었다. 휴식을 취할 한 가지 방법으로 말이다. 그러자 아이들은 엄청나게 걱정을 했고, 그중 나이가 많은 아이가 아빠의 눈을 억지로 벌리면서 동정을 살폈다. 그리고 동생을 안심시키며 말했다. "아빠는 여전히 그 **안**에 있어."

그 **안**에 있는 것이 핵심 자기이다. 오랜 시간에 걸쳐 핵심은 외적인 것들로 둘러싸여 있게 된다. 더러운 필름처럼 어떤 외적인 것들이 핵심을 가릴 수 있다. 후광처럼 다른 외적인 것들이 핵심을 빛나게 하고 그 자신의 빛을 볼 수 있게 또는 경험할 수 있게 한다. 예를 들어, 실수나 비판들이 핵심을 속일 수 있으며, 어떤 사람이 자신의 가치를 이해하고 경험하는 것을 어렵게 할 수 있다. 다른 사람들의 사랑은 우리의 가치를 느끼는 데 도움을 준다. 함께 나누는 달란트는 가치를 표현하는 한 방법이다. 이러한 것들은 가치 그 자체가 아니라, 가치를 경험하는 방식을 변화시킨다.

어떤 사람들은 내면의 수치심이나 무가치하다는 느낌을 감추기 위해서 외적인 것들을 좋게 보이려고 애쓰면서 자신의 삶을 허비한다. 그러나 핵심의 공허한 느낌을 채우기 위해서 외적인 것들을 이용한다면 우리는 충족되지 않은 채, 아마 늘 인정받기를 구걸하며 냉소적인 상태로 있게 될 것이다. 심리치료사들의 사무실에는 "선생님, 저는 성공한 사람인데 왜 불행할까요?"라고 질문하는 사람들로 가득하다고 한다.

개인적인 성취나 다른 어떤 외적인 것을 통해 핵심 가치를 얻는 것은 불가능하다. 그것은 이미 존재하고 있다. 다음 외적인 것들의 목록을 생각해 보자.

한 인간으로서의 가치는 외적인 것들에 달려 있지 않다

활력 정도
외모/겉모습
힘
지성
교육
성
인종/민족/피부 색깔
학업 성취/성적
기술
친목
달란트
창조적 능력
장애
물질적 이득
부
실수들
행동
결정들
위치, 지위
신체적 건강
예의범절

가족 이미지
부모의 지위나 성격
인격 특징
결혼 지위
데이트
권력
올바르게 사는 것
경제 상태/주식 시장
미경험

현재의 기능 수준
태도
매일의 자기-평가
성취
위생/몸치장
병/건강
생산성
회복력
자신감
사건들에 대한 통제
이기심이나 이타심

순자산/시장 가치	느낌들
목소리	
옷	**비교**
차	다른 사람들과 관련된 능력
영성	(예 – 스포츠, 봉급)
교회 활동	
훌륭함	**다른 사람들의 판단**
축복	당신을 좋아하는 사람들의 수
	다른 사람들의 인정이나 수용
	다른 사람들이 당신을 대하는 방식

실례實例

자존감이 있는 사람은 핵심 자기를 보고 진가를 인정한다. 이 사람은 핵심에 비하여 외적인 것을 결함으로 보는데, 이 핵심은 변화가 가능하지 않을 때 관심, 발달, 양육, 수용을 요구한다. 다음 네 가지 사례들은 핵심 가치의 개념을 분명하게 보여 준다.

씩씩한 어린 소년

나는 씩씩한 어린 소년의 예를 통해 용기를 얻는다. 휠체어에 앉아 있는 소년은 있는 그대로 설명했다. "종양이 내 다리에게 무엇을 하라고 지시하는 신경 조직을 파괴했어요." 그는 외적인 것들과 가치를 어떻게 분리시키는지 알고 있었다.

예전 나의 학생

고요한 내면의 기쁨을 발산했던 또 다른 사람은 켄 커트Ken Kirt로, 예전에 나의 학생이었다. 그는 다음 시를 지었다.

내가 될 수 있다면

내가 나무가 될 수 있다면
모든 인류를 위해 그늘을 만들어 줄 텐데.

내가 바다가 될 수 있다면
여행하는 모든 이들을 위해 잠잠해질 텐데.

내가 태양이 될 수 있다면
모든 살아 있는 것들을 위해 따뜻함을 줄 텐데.

내가 바람이 될 수 있다면
더운 여름날 시원한 산들바람이 될 텐데.

내가 비가 될 수 있다면
땅을 비옥하게 할 텐데.

그러나 이 가운데 어느 하나가 된다면 나머지 모든 것들은 놓치게 되겠지.
그러니 이러한 이유로 내가 뭔가가 될 수 있다면 나는 그냥 내가 될 것이다.

버지니아 주

버지니아Virginia 주에는 아름답고 예스러운 침대와 아침 식사를 제공하는 작은 호텔이 있다. 나는 돌로 된 멋진 벽난로가 있는 방에 머물면서 나무로 만든 고풍스러운 오리를 바라보았다. 아마도 옛날 농부가 깎아서 만들었는지 크고 장식도 없고 색도 칠하지 않은 목각 오리는 편안한 방의 격조를 더했다. 벽난로 가까이에 큰 통나무가 있었는데 밤에는 제법 쌀쌀했기 때문에 고맙게 느껴졌다. 나는 학생들에게 나무로 된 오리와 통나무 중에 어느 것이 더 가치가 있는지 물어보았다. 한 여학생이 깊이 생각하며 대답했다. "그 둘의 가치는 똑같아요. 단지 다를 뿐이지요."

교사의 눈을 통해서

교사인 한 친구가 학생들과 버스 안에 있었다. 다른 버스가 그 버스를 들이받아 많은 사람들이 다쳤다. 나중에 그녀는 이렇게 회상했다. "사고 후에 나는 아이들이 대장놀이를 하는 것처럼 이리저리 뛰어다니며 서로를 돌보는 것을 보았다. 그리고 그때 나는 진실로 그들의 가치를 볼 수 있었다." 사건들은 가치를 **이해하는** 데 도움을 줄 수는 있지만 핵심 가치를 더하지도 빼지도 못한다.

외적인 것들에서 가치 분리하기

이것이 바로 목표이다. 외적인 것들에서 가치를 분리하라.

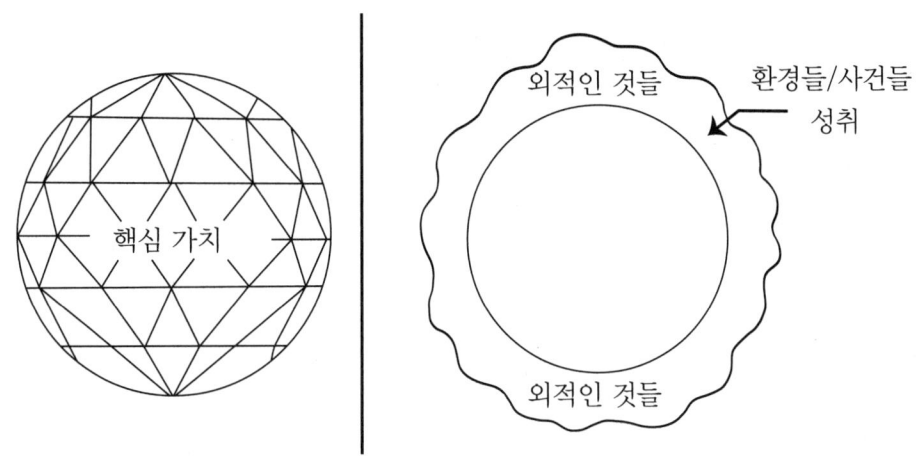

(개인 잠재력 세미나, 클라우디아 하워드Claudia A. Howard의 허락을 받고 사용함, 다음의 두 도표도 마찬가지다.)

가치를 외적인 것들로부터 분리하는 목표는 오늘날의 문화에서는 어려울 수 있다. 오늘날 텔레비전 프로그램들은 젊거나 대담하거나 아름답거나 부유하지 않다면 가치가 없다는 것을 강조하는 메시지를 보낼 수 있다. 오늘날 위험과 자극적인 일로 가득한 도회의 삶을 살아가면서 당신은 높은 권력을 쥐고 성공하여 대단한 사람이 되어야 한다는 메시지를 받고 있다. 극단적으로 받아들인다면 오늘날의 직업 윤리는 잠을 자거나 휴가를 가거나 생산을 하지 않으면 가치를 상실하는 것이라고 말할 수 있다.

인간 가치를 바라보는 두 가지 방식을 생각해 보자. 첫 번째 제안은 가치는 외적인 것들과 같다는 것이고, 두 번째 제안은 가치는 외적인 것들과 분리된다는 것이다.

가치가 외적인 것들과 같다고 할 때

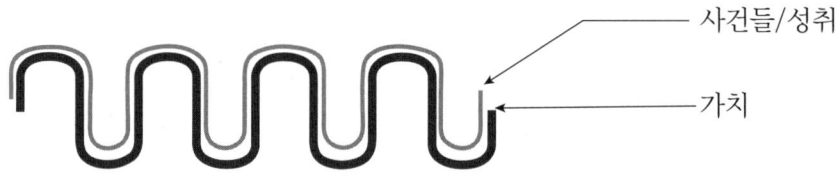

가치가 외적인 것들과 같다고 할 때 자존감은 사건들에 따라 높아지거나 낮아지거나 한다. 예를 들어, 한 고등학교 여학생이 거울 속 자신의 안색을 살펴보면서 가치가 덜한 것 같다고 느낀다. 그런데 그녀는 매력적인 남자아이가 안녕이라고 말을 걸 때 기분이 좋아진다. 그리고 그녀는 남자아이가 데이트를 청하지 않아 우울함을 느낀다. 그녀는 자기가 입은 옷에 대해 칭찬을 받을 때 자신이 대단하다고 느끼고, 수학 시험으로 인해 기분이 나빠진다. 그녀는 남자아이와 데이트를 시작할 때 자신이 멋지다고 느끼고, 그와 관계가 깨질 때 비참하다고 느낀다. 그녀는 감정의 롤러코스터를 타고 있는 것이다.

성인들에게 있어서는 승진이나 포상 또는 의대 입학 같은 것으로 높은 자존감에 도달할 수 있다. 그리고 비판이나 빈약한 성취 또는 자신의 팀이 졌을 때 자존감이 낮아질 수 있다.

자기 가치가 자신의 직업이나 결혼과 동등하다면 이번이 마지막 승진이라는 것을 알게 되었을 때 또는 이혼을 할 때 어떻게 느낄까? 아마도 정상적인 느낌들, 즉 실망감과 함께 슬픔이 밀려올 것이다. 가치가 불확실할 때 대개 우울함이 뒤따라온다. 인간 가치가 시장 가치와 같다면 오직 부자나 권세가들만 가치를 갖게 된다. 이러한 의식 구조에 의하면, 도널드 트럼프Donald Trump나 히틀러Hitler가 마더 데레사Mother Teresa보다 더 높은 인간적인 가치를 지니고 있는 것이다.

가치가 외적인 것들과 분리될 때

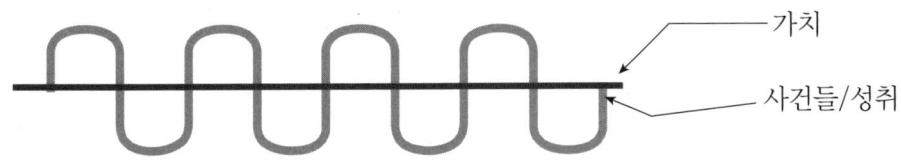

가치가 외적인 것들과 분리될 때 인간 가치는 본질적이고 변하지 않으며, 외적인 사건들과 환경에 개의치 않는다. 여기서 우리는 사건들이나 행동들(죄책감)에 관한 나쁜 느낌들과 핵심 자기(수치심)에 관한 나쁜 느낌을 구별한다. 어리석은 행동에 대한 죄책감은 변화를 위한 건강한 동기가 된다. 그러나 핵심을 단죄하는 것은 동기를 약화시킨다.

요점은 행동을 판단하는 것이지 핵심을 판단하는 것이 아니다. 행동들과 현재 기술 수준들을 판단할 때 우리는 상당히 객관적이 될 수 있다. 그러나 우리가 핵심에 있는 자기를 단죄할 때 합리적이거나 객관적으로 되기는 어렵다.

실망·병·피로·화학 작용의 변화·화·불안 등에서 오는 불편한 느낌들을 핵심 자기에 관한 나쁜 느낌들과 분리하는 것 또한 현명하다.

어려운 상황의 예를 하나 들어 보자. 자신이 고대하던 승진이 다른 사람에게 돌아갔다고 가정해 보자. 스스로에게 이렇게 말할 수 있다. "아마 내가 가진 기술들 가운데 어떤 것이 이 일에 적합한 수준에 미치지 못했나 봐." 이는 기술적 수준이나 경험 또는 훈련 정도를 판단해서 사실을 진술한 것이다. 이 말은 낙담하는 결과를 가져오겠지만, 그래서 아마 자신의 기술을 향상시키기로 결심할 것이다. 반면 자기 자신에게 "나는 별 볼일 없는 사람이야."라고 말한다면 이는 스스로가 한 인간으로서 열등하다는 것을 의미하는 가치에 대한 진술이다. 분명 이 자기-파괴적인 사고의 선택은 자기 미움과 우울증으로 이어질 것이다. 그러므로 절대 핵심이 아니라, 자신의 현재의 기술과 성취를 판단해야 한다.

개인은 왜 가치를 지니는가

나는 조건 없는 가치의 개념에 대해서 고심하고 있는 사람들에게 이 부분을 바친다. 나는 자존감 수업에 참여하고 있는 한 남자를 생각한다. 지성적이고 총명한 그는 인간 가치의 원리에 대해 듣고 있었다. 그는 그러한 것들을 믿고 싶은 것처럼 보였고 그렇게 하려고 애쓰고 있었지만 모든 인간이 그들의 불완전함과 어리석은 행동에도 불구하고 왜 가치를 지니고 있는지 이해하지 못했다. 매우 기쁘게도 마침내 빛이 비추기 시작했다.

나는 몇 가지 질문을 하는 것으로 시작하고 싶다. 왜 사람들은 주목할 만한 어떤 것도 하지 않는 두 살 난 여자아이를 우물에서 구하기 위해 수백만 달러를 지출하는가? 왜 우리는 갓난아기를 사랑하는가? 우리가 개나 무생물과 어떻게 닮았는가? 우리는 어떻게 다른가? 인간은 최소한 네 가지 이유로 가치를 지닌다.

1. **현재의 자질.** 인간의 타고난 본성은 즐길 수 있다는 것이다. 아이가 나뭇잎 속에서 놀거나 자연의 아름다움에 응답하는 것을 지켜보는 것은 재미있다. 아이들을 사랑하고 그들이 웃음으로, 즐거움으로, 놀이 감각으로, 애정으로 또는 열정적으로 세상을 배우는 자신감으로 마음 놓고 응답하는 것을 지켜보는 것은 재미있다.
2. **능력들.** 사람들이 불쾌하게 행동할 때 삶을 아름답게 할 수 있는 그들의 잠재력을 곰곰이 떠올리는 것은 재미있다. 즉 예술이나 손재주나 다른 창작품들 또는 즐거운 감정이나 수용이나 격려 또는 웃음이나 일이나 사랑 등등. 능력은 타고나는 것인 동시에 발견되고 발전시킬 수 있는 것이다. 잘못을 저질렀을 때 우리는 그 진로를 수정할 능력을 갖고 있다. 따라서 우리는 인간이 오류를 범하기 쉬우나 무한히 완벽해질 수 있는 동시에 "음식뿐만 아니라 그들의 희망도 생명력 있는 에너지로 바꿀 수 있는 능력"(커진스Cousins, 1983)을 갖고 있음을 보게 된다. 신학자들이 인간은 하느님의 형상과 모상으로 지어졌다는 개념을 이야기할 때 그들은 인간이 아직 싹트는 단계에서 모든 상상할 수 있는 능력(이성적으로 생각할 수 있는, 감정을 과장해서 나타낼 수 있는, 희생할 수 있는, 사랑할 수 있는, 윤리적으로 선택할 수 있는, 진실과 가치를 알아낼 수 있는, 창조할 수 있는, 아름답게 할 수 있는, 온화해질 수 있는, 인내할 수 있는, 굳건해질 수 있는)을 소유한 씨앗(온전함 – 이미 완전하지만, 아직 완전하게 되지 않은)과 같다는 개념을 언급하는 것이다.
3. **과거의 기여들.** 우리가 다른 사람이나 자신의 안녕에 기여한 적이 있다

면(크든 작든), 그럴 때 그 사람은 참으로 가치 있는 존재이다.

4. **몸의 솜씨**. 몸은 외적인 것이지만, 핵심 자기의 멋진 은유이다. 오늘날의 문화에서는 영향을 미치는 수많은 것들이 몸을 '물질로 취급'하는 경향이 있다. 매체는 다른 사람들을 쾌락의 대상으로 이용하는 것을 미화한다. 많은 사람들이 성적으로 또는 신체적으로 학대받고 있다. 몸이 혹사당할 때 사람은 몸을 혐오스러운 것으로 보게 된다. 더 큰 위험은 그것이 핵심 자기의 가치를 떨어뜨릴 것이라는 점이다. 반면에, 존중하는 마음으로 몸의 놀랄 만한 복잡함을 생각하는 것은 핵심 자기의 가치를 인정하는 데 도움을 준다(14장과 15장에서 이 중요한 개념으로 다시 돌아올 것이다).

때때로 사람들은 질문한다. "내가 추하거나 불구가 되면 어쩌지? 어떻게 내가 가치가 있다고 느낄 수 있지?" 나는 그 사람들에게 자신이 불구가 되었다고 가정해 보고, 여전히 자신의 가치를 주장하고 경험할 수 있는 방식들을 생각해 내도록 문제를 내준다. 흔히 다음과 같은 응답들을 한다.

- 나는 눈을 통해 사랑을 전할 수 있었다.
- 나는 사람들이 나를 돕도록 허락하고 봉사를 즐기는 그들의 방식을 배울 수 있었다.
- 나는 나의 사고들을 변화시킬 수 있었다. 나는 스스로를 나의 몸 이상으로 규정하는 법을 배울 수 있었다.
- 나는 나의 의지를 증명할 수 있다(예 - 내가 보는 것에 감사함으로써, 손가락 하나라도 움직이려고 애씀으로써, 나의 정신을 향상시킴으로써).

우리는 반복해서 근본적인 개념으로 돌아온다. 가치는 이미 거기에 있다. 잠을 자고 있든 생산을 하고 있든 그것은 거기에 있다. 핵심은 행동, 지위 또는 다른 어떤 외적인 것 이상의 것이다. 우리가 하는 도전은 그 핵심 가치를 경험하고 즐기는 것이다.

가치는 비교할 수 있는 것도, 경쟁할 수 있는 것도 아니다. 다음에 나오는 한 아버지의 경험으로 증명된 것처럼 말이다(듀랜트, 1980).

아이들 셋이 공원에서 그네를 타고 있었다. 그 가운데 둘은 그네를 높이 탈 줄 알았다. 아이들이 그네를 타고 높이 올라가는 것을 볼 때마다 아버지는 행복했다. 그리고 그들 가운데 둘은 진짜 높이 오르고 있었다. 데번Devon이 말한다. "난 캐서린Katherine에게 뒤처지지 않을 테야." 그러자 캐서린이 건너다보며 말했다. "나도 데번에게 뒤처지지 않아." 그들은 줄곧 함께 타고 있었기 때문이다. 어린 마린다Marinda는 가운데 있었고 산들바람이 불고 있어서 간신히 움직이고 있었다. 어린 마린다는 그들이 서로 뒤처지지 않는다고 말하는 소리를 듣고, "나는 나 자신에게 뒤처지지 않아."라고 말했다.

어린 나이에도 아이는 비교하지 않고 경쟁하지 않는, 보다 나아질 수 있는 본질적인 가치를 이해할 수 있다.

무조건적이고 동등한 인간 가치에 대한 고찰

다음의 인간 가치에 대한 고찰들을 숙고해 보자. 이것을 끝마칠 때에는 인간의 가치 기술을 쌓는 활동들을 시작할 준비가 될 것이다. 이 활동들은 4장부터 8장에서 볼 수 있다.

우리는 누구나 이해받을 권리가 있는 사람들이 사는 낙원의 동등한 주민들이다.

리차드 로티(Richard Rorty, 1991)

우리는 다음을 자명한 진리로 생각한다.
모든 사람은 평등하게 태어났으며
신은 그들에게 누구도 빼앗을 수 없는 몇 가지 권리를 부여했다.
여기에는 생명과 자유와 행복 추구의 권리가 포함된다.

독립 선언문, 1776년 7월 4일

우리는 모두 기본적으로 평등한 인간들이며, 행복을 추구하고
고통을 피하려고 애쓴다. 모든 사람은 나의 동료 그룹이다.
'나는 가치가 없어.'라는 너의 느낌은 잘못된 것이다. 절대적으로 잘못된 것이다.

달라이 라마 The Dalai Lama

너는 누구 못지않게 훌륭하다.

마틴 루터 킹 Martin Luther King이 아버지에게 들은 말

잠잘 때는 모든 사람이 똑같다.

아리스토텔레스 Aristotle

우리는 하느님, 선하신 하느님, 아름다우신 하느님의 형상으로 지어졌다.
…하느님은 당신의 피조물에게 선하다고 선포하셨다.

레베카 맨리 피퍼트(Rebecca Manley Pippert, 1999)

우리는 우리 자신을 근본적으로 경이로운 존재로 볼 필요가 있다.

버지니아 사티어Virginia Satir

사람은 약점을 지닌 인간미가 있는 존재이며, 동시에 위대한 존재이다.

스티븐 리차드(Stephen L. Richards, 1955)

영웅에게는 모교의 머리글자 마크가 부착된 재킷이 필요 없다.
우리는 자신이 누구인지 알고 있다.

이블 크니블Evel Knievel

환경이나 다른 사람들이 가치를 결정하게 하는 것은
그들에게 부적절한 통제와 힘을 주는 것이다.

작자 미상

인간으로서 우리의 가치가 우리의 손과 정신으로 만든 것에 의존할 때
우리는 우리가 사는 세상의 두려움 책략의 희생자가 된다.
생산성이 자기-의구심을 극복하는 우리의 중요한 방식이 될 때
우리는 거부와 비판에 큰 상처를 입고 내면의 불안과 우울증에 걸리기 쉽다.

헨리 나웬(Henri J. M. Nouwen, 1989)

문제들은 약점(강점에 상응하는)이지,

질병(제거해야 할 우발적인 병인)이 아니다.

윌리엄 글라서William Glasser

당신이 갓난아기들에 관해서 들었던 모든 상투적인 표현들은 진실이며,

내게는 그렇게 보인다. 그들은 부드럽고, 따뜻하고,

매력적이고, 귀엽고, 사랑스럽다.

나는 그렇지 않은 아이를 만나 본 적이 없으며, 그것 역시 다행이다.

왜냐하면 갓난아이들이 그렇게 귀엽고

사랑스럽지 않다면 아마 우리는 그들이 너무 많은 것을 요구하고

문제가 너무 많다는 사실을 기쁘게 참지 못할 테니까.

갓난아이들에게는 순수한 잠재력이 있다.

갓난아기를 안아 올리면 아이가 너무 가벼워 놀라지만,

또한 미래, 땅과 하늘, 태양과 달을 안고 있다고 느끼며,

아이의 전부, 곧 모든 것이 새롭게 된다.

갓난아기들은 변해 가는 세상을 거리를 두고 보도록 도와주기도 한다.

세상을 바꾸는 것은 기다려야 하는데, 그때는 아이의 기저귀를 갈아 줄 때이다.

찰스 오스굿Charles Osgood

chapter 4

자기-파괴적인 사고들을 인지하고 대체하라

모든 인간이 무한한 가치가 있다고 하더라도, 모두가 반드시 자신의 가치를 인식하고 있는 것은 아니다. 한 가지 이유는 부정적이고 우울한 사고 패턴이 자신의 가치에 대한 인식을 약화시켜서이다. 주목하라. 우리는 가치가 약화된다고 말하는 것이 아니라, 그것을 경험하는 우리의 능력이 약화된다는 것이다.

 이러한 상황을 생각해 보자. 상사가 현관에서 존John과 빌Bill 앞을 지나가면서 얼굴을 찌푸린다. 존은 "아, 아니야! 그는 내게 화가 났어."라고 생각하며 기분이 울적해진다. 빌은 "그는 아마 경영진과 또 다른 다툼이 있었는지도 몰라."라고 생각하면서 걱정은 하지만 혼란스러워하지는 않는다. 이 둘의 차이점은 무엇인가? 사건 자체가 아니라, 존과 빌이 사건에 대해 사고하는 방식의 차이다.

인지 치료라고 불리는 심리학의 한 분야는 자존감을 공격하고 우울증으로 이끄는 특정한 사고 패턴들을 알아냈다. 이러한 사고 패턴들은 학습되지만, 그렇지 않을 수도 있다. 인지 치료는 이러한 자기-파괴적인 사고들을 없애 주고 그것들을 더 합리적인 사고들로 대체하는 효과적이고 쉬운 방식을 제공한다. 심리학자 앨버트 엘리스Albert Ellis가 발전시킨 모델은 다음과 같이 간단하다.

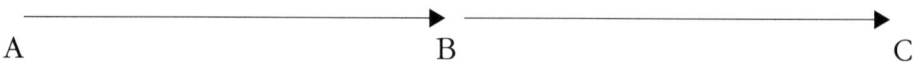

A는 선행(또는 당황케 하는) 사건을 나타낸다. B는 우리가 A에 관해서 우리 자신에게 말하는 믿음(또는 자동적인 사고들)이다. C는 감정적 결과들(또는 무가치함이나 우울증과 같은 느낌들)이다. 대부분의 사람들은 A가 C의 원인이 된다고 생각한다. 그러나 실제로 C의 원인이 되는 것은 더 큰 영향을 미치는 우리의 자기-대화인 B이다.

자동적 사고와 왜곡들

당황스러운 사건이 일어날 때마다 자동적 사고들(ATs)은 우리 정신 속으로 재빠르게 퍼진다. 우리는 우리를 당황시키는 사건들 각각에 대하여 합리적으로 생각할 수 있지만, 가끔은 우리의 자동적 사고들이 왜곡된다(또는 비합리적으로 부정적이 된다). 왜곡된 ATs는 너무 빨리 일어나, 멈추어서 그것들을 문제시하기는 고사하고 그것들을 거의 알아차리지도 못한다. 그러나 이러한 ATs는 우리의 기분과 가치에 대한 인식에 깊은 영향을 미친다. 이 장에서 당신은 이러한 왜곡들을 알아차리고 그들의 논리에 도전하고, 그것들을 우울하게 하는 사고들 대신에 사실에 맞추어 더 가까이 조종하는 사고들로 대체하는 방법을 배우게 될 것이다.

왜곡들은 13가지 범주로 나뉠 수 있다. 그것들을 잘 배워라. 그것들을 잘 사용하면 자존감을 형성하는 데 아주 강력한 도구가 될 것이다.

추측하기

이러한 환경들 안에서 우리는 증거를 시험하지 않고 최악이라고 가정한다. 예를 들어, 위의 사례에서 존은 상사가 노려본 것을 자신에게 화가 났다는 뜻으로 추측했다. 존은 단순히 "당신은 제게 화가 난 겁니까?"라고 질문함으로써 이러한 가정을 시험했어야 했다.

당연하다고 가정하는(또는 추측하는) 자기 대화는 스스로에게 "나는 늘 버겁게 살아." 또는 "내가 기를 쓰고 해 봤자 늘 그렇지 뭐."라고 말하는 식일 수 있다. 좀 더 합리적인 자기-대화는 다음과 같다. "나는 즐길 수도 있고 그렇지 않을 수도 있어(또는 '나는 좋은 일을 할 수도 있고 그렇지 않을 수도 있어' 등등). 나는 무엇이 일어나는지 기꺼이 시험하고 이해할 거야."

~해야 한다(~하는 것이 당연하다, 틀림없이 ~일 것이다)

'~해야 한다'는 것은 우리가 스스로에게 하는 요구이다. 예를 들어, 다음과 같다. "나는 완벽한 연인이 되어야 해." "나는 실수해서는 안 돼!" "나는 더 잘 알았어야 해." "나는 행복해. 그리고 절대 우울하거나 지쳐선 안 돼." 우리는 이런 말들로 자신에게 동기를 부여한다고 생각한다. 그러나 대부분은 더 나쁘게 느낄 뿐이다(예 – 나는 ~하게 **되어야 하는데** 그렇게 되지 않아서, 부적절하고 실망스럽고 창피하고 절망적으로 느껴진다).

아마 합리적인 "틀림없이 ~일 것이다."들 가운데 하나는 우리의 주어진 배경, 불완전한 이해, 현재 기술 수준에서 모든 인간은 우리와 똑같이 분명 잘못이 **있다**(틀림없이 ~일 것이다)는 것이다. 우리가 **진실로** 더 잘 안다면(예를 들어, 우리가 어떤 행동들의 유익한 점을 확실하게 이해한다면 동시에 그 방식으로 완벽하게 행동할 수 있다면), 우리는 더 좋아질 **것이다**. 따라서 하나의 해결책은 "~해야 한다."를 "~할 것이다." "~할 수 있다."로 대체하는 것이다(내가 그것을 **한다면** 더 좋아질 텐데. 내가 그것을 **할 수 있을지** 궁금하다). 또는 "~해야 한다."를 "~하기를 원한다."로 대체하는 것이다(나는 어떤 사람이 내게 ~**해야 한다**고 말하고 있기 때문이 아니라, 그것이 나에게 유익이 되기 때문에 그것을 하기를 **원한다**).

동화 같은 환상

동화 같은 환상은 삶에서 이상理想을 요구한다는 의미이다. 이는 실제로 "~해야 한다."의 특별한 형태이다. "그것은 공정하지가 않아!" 또는 "왜 그 일이 일어나야만 했지?"는 종종 "세상은 그런 식으로 되어서는 안 돼!"라는 것을 의미한다. 실제로 때로는 무작위로, 때로는 다른 사람들의 불합리함 때문에, 그리고 우리 자신의 불완전함 때문에 나쁘고 공정하지 않은 일들이 선한 사람들에게 일어난다. 세상이 달라질 거라고 기대하는 것은 실망을 자초하는 것이다. 그들이 종종 공정한 것에 대한 그들 나름의 생각을 가질 때 다른 사람들이 우리에게 공정하게 대해 주길 기대하는 것 또한 실망을 자초하는 것이다. 다시 말해 "~할 것이다." 또는 "~할 수 있을 것이다."는 "~해야 한다."는 것에 대한 현명한 대용품이다(예를 들어, 상황이 이상적으로 된다면 좋겠지만, 상황은 그렇게 되지 않는다. 아쉽다. 지금, 나는 상황을 개선하기 위해서 무엇을 할 수 있을지 모르겠다).

전부 아니면 전무全無라는 사고(흑백 논리)

흑백 논리로 완벽함에 대한 불가능한 기준(또는 완벽함에 가까운 어떤 것)을 고수한다. 이 기준에 못 미칠 때 자신이 인간으로서 완전히 실패한 것이라고 결론짓는다. 예를 들어, "최고가 아니라면 나는 실패자다." "완벽하게 해내지 못한다면 나는 패배자다." "90% 이하의 점수를 받는다면 나는 실패자다." "다 듣어지지 않은 것은 내가 전부 나쁘다는 것을 의미한다." 그러한 절대적인, 흑백의 극단들은 거의 존재하지 않기 때문에 이는 비합리적이다. 완벽한 성취가 가능하더라도(그것은 가능하지가 않다) 어떤 기준 이하로 이룬다는 것은 대개 우리가 80% 또는 35%를 성취한다는 의미이다. 0%는 거의 없다. 그리고 미숙한 **성취**는 결코 복잡한 **인간**을 무가치하게 만드는 것이 아니라 단지 틀리는 것일 뿐이다. 스스로에게 물어보자. "왜 나는 매번 성공**해야만 하지**?"

과잉 일반화

과잉 일반화는 삶을 전적으로 부정적인 경험들로 묘사하는 것이다. 예를 들어, "나는 **항상 모든** 일을 망쳐." "나는 **매번** 사랑에 거절당해." "**아무도** 나를 좋아하지 않아. **모든 사람**이 나를 미워해." "나는 수학을 **진짜** 못해." 이러한 포괄적인 진술들은 불친절하고 우울하며, 늘 어느 정도는 정확하지 않다. 해독제는 더 정확한 말을 사용하는 것이다. "아직은 나의 기술들 가운데 **어떤 것**이 완전히 발달하지 못했어." "나는 **어떤** 사회적 환경에서는 내가 원하는 만큼 감각이 세련되지 못했어." "**때로는** 사람들이 나를 인정하지 않아."(때때로 어떤 사람들은 인정해 주지) "나의 삶의 **어떤** 측면들이 잘 굴러가지 않더라도, 그것이 내가 결코 합리적으로 잘하지 못한다는 의미는 아니야." 건강한 낙천주의자가 되어라. 상황을 개선할 수 있는 작은 방식들을 찾아낼 것을 기대하며 잘 되어 가고 있는 것에 주목하라.

낙인찍기

마치 한마디 말이 한 사람을 전적으로 묘사하듯이, 여기서 당신은 자신에게 낙인이나 이름을 붙여 준다. 예를 들어, "나는 정말로 실패자야." "나는 얼간이야." "나는 지루한 사람이야." "나는 멍청이야."라고 말하는 것은 모든 면에서 나는 **항상** 멍청하다는 의미이다. 사실 가끔씩 상당히 멍청하게 행동하는 사람들도 다른 때에는 참으로 총명하게 행동하기도 한다. 인간은 단순히 낙인을 찍기에는 너무 복잡하기 때문에 행동에 딱지를 붙이는 것으로 제한하라(가령, '그렇게 한 것은 바보 같은 짓이었어.') 또는 "내가 **항상** 멍청한가? 아니 가끔은 그렇지만, 늘 그런 건 아니야."라고 자문해 보라.

부정적인 것을 되씹기

파티에 갔는데 어떤 손님의 구두에 애완견의 변이 묻어 있는 것을 보았다고 상상해 보자. 그것에 관해서 생각하면 할수록 점점 더 불쾌해질 것이다. 이러한 왜곡에서는 상황의 부정적인 측면에 초점을 맞추는 반면, 긍정적인 측면을 무시한다. 곧 상황 전체를 부정적으로 보게 된다. 다른 예도 있다. "내가 비판을 받았던 그날에 대해 어떻게 기분 좋게 느낄 수 있겠는가?" "아이들에게 문제가 있는데 내가 어떻게 삶을 즐길 수 있겠는가?" "실수를 할 때 어떻게 나 자신에 관해 기분 좋게 느낄 수 있겠는가?" "스테이크가 탔다. 식사가 엉망이군!" 이러한 습관에 대한 해결책은 자신의 선택권들을 다시 시험해 보는 것이다. "내가 초점을 다른 데 맞춘다면 상황들을 더 즐길 수 있을까?(그리고 나 자신에 관해서 더 좋게 느낄 수 있을까?) 내가 여전히 즐길 수 있는 어떤 즐거운 일들을 찾을 수 있을까?" "좋은 날 나는 무엇을 생각할 수 있을까?" "자존감이 건강한 사람은 이 상황을 어떻게 볼까?"

긍정적인 것을 거부하기

부정적인 것을 강조할 때 긍정적인 측면들은 간과될 수 있다. 여기서 우리는 실제로 긍정적인 것들을 부정하게 된다. 그래서 우리의 자존감이 낮은 상태로 있게 된다. 예를 들어, 어떤 사람이 당신이 한 일을 칭찬한다. 당신은 "아, 별거 아니에요. 누구든지 할 수 있어요."라고 응답한다. 당신은 오랫동안 공들여 효과적으로 작업해 온 사실을 평가 절하한다. 그러니 일의 성취가 즐겁지 않은 것은 당연하다. 마찬가지로, 쉽게 "고마워요!"라고 대답할 것이다(그리고 자신에게 말한다. "나는 이 어렵고 따분한 일을 한 것에 대해 특별히 칭찬받아도 돼!"). 또는 사랑하는 사람이나 친구에게 공을 돌렸던 적도 있을 것이다. 왜 자신에게는 똑같은 호의를 베풀지 않는가?

호의적이지 않은 비교

자신이 어떤 것(자신의 결점과 실수들 또는 다른 사람들의 강점과 같은)은 확대하고 어떤 것은 축소하는(자신의 강점들, 그리고 다른 사람들의 실수와 같은) 특이한 확대경을 갖고 있다고 상상해 보자. 다른 사람들과 비교할 때 자신이 늘 적절하지 않거나 열등한 것처럼 보일 것이다. 늘 손해만 보는 것처럼 보일 것이다.

예를 들어, 다음과 같다. "나는 고작 전업 주부이고 엄마일 뿐이야(자기 강점 최소화). 그런데 얀Jan은 부자이고, 똑똑한 변호사야(다른 사람의 강점 확대)." 이 말에 친구가 응답한다. "하지만 넌 아주 뛰어난 주부야. 그리고 아이들과도 아주 잘 지내고 있지. 얀은 알코올 중독자야." 그러면 당신은 다음과 같이 응답한다. "그래, 하지만 그녀가 이긴 소송 사건들을 봐(다른 사람의 결점과 자신의 성취 최소화)! 그녀는 정말 세상에 도움이 되는 사람이야(다른 사람의 강점 확대)."

이러한 왜곡에 도전하는 방법은 다음과 같이 질문하는 것이다. "왜 내가 비교를 해야만 하지? 나는 사람들이 각기 독특한 강점과 약점을 가지고 있다는 것을 그냥 인정할 수는 없나? 다른 사람들이 하는 기여가 반드시 더 좋은 것만은 아니잖아. 단지 다를 뿐이지."

최악의 상황을 상상하기(파국화)

어떤 것이 파국이라고 믿을 때 그것이 너무 끔찍하고 무서워서 "나는 견딜 수 없어!"라고 중얼거린다. 이렇게 중얼거리면서 우리는 자신이 삶을 대면하기에 너무 연약하다는 것을 확인한다. 예를 들어, "나는 그녀가 떠나면 견딜 수 없어. 그건 정말 끔찍한 일이야!" 앨버트 엘리스의 말처럼 많은 것이 불쾌하고 부자유스럽고 어렵다 하더라도, 우리는 분명 죽음으로까지 강압적으로 몰고 가지 않는 어떤 것은 견딜 수 있다. 그래서 우리는 다음과 같이 말할 수 있다. "나는 그것이 싫었지만, 분명히 그것을 견딜 수 있어."

다음 질문들은 어떤 것이 파국이 될 것이라는 믿음에 도전하게 해 줄 것이다.

- 이 일이 일어날 가능성은 얼마인가?
- 그 일이 일어난다면 어떤 방식으로 내게 일어날까?

- 최악의 상황이 발생한다면 나는 무엇을 할까?
  (문제를 예측하고 행동 계획을 세우는 것은 자신감을 증진시킨다.)
- 지금부터 백년 후에 누가 이것에 대해 마음을 쓸까?

자신의 문제로 받아들이기

자신의 문제로 받아들이기는 자신을 실제보다 부정적인 사건에 더 개입되었다고 보는 것이다. 예를 들어 한 학생이 대학을 중퇴하는데, 그의 어머니는 "그것은 순전히 내 탓이야!"라고 결론을 내린다. 남편은 아내의 피로와 분노 또는 이혼에 전적인 책임을 느낀다. 여기서 자아는 너무 개입되어 있어서 각 사건이 가치의 시금석이 된다. 이 왜곡에 도움이 되는 두 가지 해독제가 있다.

- **영향**과 **원인**을 구분하라. 때로 우리는 다른 사람들의 결정에 영향을 줄 수 있지만, 마지막 결정은 우리가 아니라 그들의 것이다.
- 현실적으로 자기 밖에서 다른 영향을 찾아라. 예를 들어, '내가 무엇을 잘못했지? 왜 나는 그것을 할 수 없지?'라고 생각하는 대신에 다음과 같이 말한다. "이것은 어려운 과제야. 내가 필요로 하는 도움이 여기에는 없어. 시끄러워. 나는 지쳤어." 또 '그는 왜 나에게 딱딱거리지?'라고 생각하는 대신에 "아마 내가 대상이 아닐 거야. 그는 오늘 세상에 대해 화가 나나 봐."라고 말할 수 있다.

비난하기

비난하기는 자신의 문제로 받아들이기와 반대이다. 즉 자신이 겪는 어려움을 스스로에게 전적으로 책임을 지우는 것과는 반대로, 자기 밖의 어떤 것에 모든 책임을 지운다. 다음과 같다.

- 그는 나를 너무 화나게 해!
- 그녀가 내 삶과 자존감을 망쳤어.
- 나는 초라한 어린 시절 때문에 패배자가 되었어.

파국화와 아주 비슷하게, 비난하기로 인한 문제는 그것이 우리 자신을 너무 힘이 없어 대면할 수 없는 무기력한 희생자로 생각하게 만드는 경향이 있다는 것이다. 비난하기에 대한 해독제는 외부의 영향들을 인정하면서도, 자신의 복지에 대해 책임을 지는 것이다. "그래, 그의 행동은 정의롭지 못하고 공정하지 않아. 그러나 내가 씁쓸해하고 냉소적일 필요는 없어. 나는 그의 행동보다 더 나아."

자존감이 있는 사람은 현실적인 책임을 지는 것에 자유롭다는 것에 주목하라. 그는 자신의 책임이 무엇**인지** 그리고 자신의 책임이 **아닌** 것이 무엇인지를 알고 있을 것이다. 그러나 누군가가 책임을 질 때, 그것은 행동이나 선택에 대한 것이지, 핵심에 잘못이 있기 때문이 아니다. 따라서 우리는 다음과 같이 말할 수 있다. "시험공부를 충분히 하지 못했기 때문에 나는 시험을 잘못 치렀어. 다음번에는 더 잘 계획을 세울 거야." 핵심 자기에 대한 판단이 아니라, 오직 행동에 대한 판단이 있을 뿐이다.

느낌을 실제화하기

느낌을 실제화하는 것은 우리의 느낌을 사물들이 실제로 존재하는 방식의 증거로 취하는 것이다.

- 나는 진짜 실패자처럼 느껴져. 나는 가망이 없음에 틀림없어.
- 나는 수치스럽고 형편없이 느껴져. 나는 형편없음에 틀림없어.
- 나는 적당하지 못하다고 느껴져. 나는 적응하지 못함에 틀림없어.
- 나는 무가치하게 느껴져. 나는 쓸모없음에 틀림없어.

느낌은 우리의 사고에서 생긴다는 것을 기억하라. 우리의 사고가 왜곡된다면(스트레스를 받거나 우울할 때 종종 그런 것처럼) 그때 우리의 느낌은 실재를 반영하지 못할 수 있다. 그래서 자신의 느낌에게 질문하라. "100% 부적당한(또는 나쁜, 죄를 범한, 절망적인) 사람은 어떨까? 내가 진짜 그럴까?"라고 질문하라. 이것은 낙인을 찍는 경향이나 전부 아니면 전무라고 사고하는 경향에 도전한다. 느낌은 사실이 아니라는 것을 되새겨라. 우리의 사고가 점점 더 합리적이 될 때 우리의 느낌은 더욱 빛이 난다.

매일 사고 기록

왜곡에 대해서 알게 되었으므로 다음 단계는 그것이 우리 자존감에 도움이 되도록 이용하는 것이다. 스트레스를 받거나 우울할 때 사고와 느낌은 우리의 정신 안에서 소용돌이쳐 압도적이 될 수 있다. 그것을 종이에 적는 것은 그것을 해결하고 더 확실하게 이해하는 데 도움이 된다. '매일 사고 기록'(다음에 나오는)은 15분 정도 걸린다. 자신이 당황스럽다고 느낀다는 것을 알아차린 뒤에 하는 것이 좋다. 또는 그날 늦게 상황들이 잠잠해지면 할 수도 있다. 작업하는 방식은 다음과 같다.

사실들

기록하는 맨 위에 당황스러운 사건과 그 결과로 생기는 느낌(슬픈, 불안한, 죄책감이 드는, 좌절감을 느끼는 등)을 간단하게 묘사한다. 이 느낌의 강도에 등급을 매긴다(10은 극도의 불쾌함을 나타낸다). 불안하게 하는 느낌과 접촉하는 것은 그 느낌이 우리를 통제하는 것을 멈추게 하는 방식임을 기억한다.

사고들에 대한 분석

분석 부분의 첫 번째 칸에 자신의 '자동적인 사고들'(ATs)의 목록을 적는다. 그다음 각각을 얼마나 믿고 있는지 등급을 매겨 본다. 10은 완전히 믿을 수 있다는 의미이다. 두 번째 칸에는 왜곡을 식별한다(어떤 ATs는 합리적일 수 있다). 세 번째 칸에는 각 왜곡된 AT에 대해 응답하거나 대응한다. 첫 번째 AT는 가능한 몇 가지 선택 중 하나일 뿐이다. 당신이 행한 것에 대해 말한 친구에게 말하고 있는 모습을 상상하거나 좋은 날에 어떤 것을 더 합리적으로 이야기하고 있는 자신의 모습을 상상해 본다. 스스로에게 "합리적인 응답에 대한 증거는 무엇인가?"라고 질문해 본다. 그다음 각 응답을 얼마만큼 믿고 있는지 등급을 매긴다.

결과들

이 모든 것을 한 후에 처음의 응답 칸으로 돌아가서 자신의 ATs 등급을 다시 매긴다. 그런 다음 맨 위쪽에 있는 자신이 느끼는 감정들의 강도의 등급을 다시 매긴다. 이 과정이 당황스러운 느낌을 조금이라도 가라 앉혀 준다면 만족하라. 이 과정으로 이제는 당황스러운 사건들이 혼란스럽지 않겠지만, 아마 여전히 어지럽힐 것이다.

자신의 사고들을 종이 위에서 해결할 것을 명심하라. 그것은 너무 복잡해서 머릿속에서는 해결될 수가 없다. 이 방식을 배울 때 스스로에게 인내심을 갖는다. 이 기술에 익숙해지는 데 2~3주가 걸린다. 2주 동안 매일 당황스러운 사건들을 선별해서 '매일 사고 기록'을 작업한다. 2주가 끝날 때 사건들의 진실을 파헤치는 다음 부분으로 나아간다.

매일 사고 기록

사실들

사건 (자신을 나쁘게/불쾌하게 느끼게 하는 사건들을 묘사하라.)	사건의 충격 (당신이 느꼈던 감정들을 묘사하라.)	강도 (이러한 감정들의 강도를 1-10까지 등급을 매겨라)

자신의 사고들 분석

처음의 응답 (자동적인 사고나 자기 대화를 묘사한다. 그다음 각각을 얼마나 믿을 수 있는지 등급을 매긴다.)	등급	사고 오류 (왜곡을 찾아 라벨을 붙인다.)	합리적인 응답 (대응하라! 왜곡을 더 합리적인 사고들로 바꾼다. 각각을 얼마나 믿는지 1-10까지 등급을 매긴다.)	등급

결과들

자신의 사고 분석들에 기초해, 자신이 처음에 응답한 것들을 얼마나 믿는지 다시 등급을 매긴다. 그런 다음 자신이 느끼는 감정들의 강도에 다시 등급을 매긴다.

다음은 '매일 사고 기록'을 단순화한 예시이다.

사건	영향	강도
빌과 나는 헤어졌다	우울증 무가치함	9 → 6 8 → 5

분석

자동적 사고		왜곡	합리적인 응답	
전부 내 잘못이야.	8 → 5	자기 문제로 받아들이기	우리가 잘못할 수 있었고 설령 그렇다 해도 우린 둘 다 잘못한 거야.	8
나는 정말 거부당했다고 느껴. 나는 무가치해.	9 → 8	느낌을 사실로 만들기 낙인찍기	내가 어떤 사람에게 영향을 주거나 줄 수 있는 한 나는 무가치하지 않아.	7
그는 나를 미워해.	7 → 3	추측하기	그는 내가 그의 기대에 미치지 못한다고 느낄지도 몰라.	9
나는 적합한 다른 사람을 절대 찾을 수 없을 거야.	10 → 8	추측하기	나는 알 수 없어. 내가 흔쾌히 승낙할, 고로 더 적합한 사람을 찾을 가능성이 있어.	7
그가 없다면 아무것도 재미가 없을 거야.	10 → 5	추측하기	내가 해 보지 않고서는 알 수 없어. 아마 나 혼자나 다른 사람과 함께 즐길 수 있는 것들이 있을 거야.	7
그 녀석이 나의 삶을 망쳤어.	9 → 5	비난하기	나 말고 그 누구도 나의 삶을 망칠 수 없어. 나는 다시 일어나 삶을 즐길 수 있는 방법들을 찾을 거야.	9

다음 빈칸으로 된 '매일 사고 기록'을 사용하거나 복사할 수 있다.

매일 사고 기록　　　　　　　　　　　　　날짜 _____

사실들

사건	사건의 충격	강도
(자신을 나쁘게/불쾌하게 느끼게 하는 사건들을 묘사하라.)	(당신이 느꼈던 감정들을 묘사하라.)	(이러한 감정들의 강도를 1-10까지 등급을 매겨라)

자신의 사고들 분석

처음의 응답 (자동적인 사고나 자기 대화를 묘사한다. 그다음 각각을 얼마나 믿을 수 있는지 등급을 매긴다.)		사고 오류 (왜곡을 찾아 라벨을 붙인다.)	합리적인 응답 (대응하라! 왜곡을 더 합리적인 사고들로 바꾼다. 각각을 얼마나 믿는지 1-10까지 등급을 매긴다.)	
	등급			등급

결과들

자신의 사고 분석들에 기초해, 자신이 처음에 응답한 것들을 얼마나 믿는지 다시 등급을 매긴다. 그런 다음 자신이 느끼는 감정들의 강도에 다시 등급을 매긴다.

사건의 진실 파헤치기 – 질문과 대답 기법

지금까지 왜곡된 ATs를 알아차리고 대체하기 위해서 '매일 사고 기록'을 사용하는 방법을 배웠다. 왜곡된 ATs를 대체하는 것이 자존감을 강화시키는 반면에, 핵심 믿음들의 뿌리를 뽑는 것은 자존감을 훨씬 더 상승시킨다. 근본이 되는 핵심 믿음들은 깊이 붙잡힌 믿음들이다. 그것들은 대개 삶의 초기에 학습되기 때문에 거의 도전을 받지 않는다. 우리는 AT로 시작해서 질문과 대답 기법을 이용함으로써 핵심 믿음을 찾아낸다. 이러한 접근법을 통해 AT를 포착해서 핵심 믿음에 도달할 때까지 다음의 질문들을 계속한다.

"이것이 내게 무슨 의미가 있지?"
"추측건대 그것이 사실이라고 생각되는데, 그것이 왜 그렇게 나쁜 거지?"

예를 들어, '매일 사고 기록'에서 제인은 딸이 그녀의 방을 청소할 것을 거절했기 때문에 자신이 무기력하고 무가치하다는 느낌들을 표현했다. 제인은 AT에 '질문과 대답 기법'을 적용하기로 했다. "방이 지저분해." 이것은 다음과 같이 진행되었다.

(자동적 사고) 방이 지저분해.
(질문) 그것이 내게 어떤 의미가 있을까?
(대답) 그녀는 게으름뱅이야!
(질문) 추측건대 그것이 사실이라고 생각되는데, 그것이 왜 그렇게 나쁘지?
(대답) 내 친구들이 집에 오면 그녀의 방을 볼 거야.
(질문) 그것이 왜 그렇게 나쁠까?
(대답) 그들은 내가 엄마로서 적합하지 않다고 생각할 거야.
(질문) 그것이 사실이라고 가정하고, 그런데 그것이 왜 그렇게 나쁠까?

(대답) 내 친구들이 나를 인정하지 않는다면 나는 무가치하다는 느낌이 들 거야. = **핵심 믿음!**

이 핵심 믿음에 접근해 가는 도중에 각 대답이 사실이라고 가정했다. 이제 돌아가서 자신의 대답 가운데 왜곡을 찾아, 각 단계에서 합리적인 응답을 해 보자. 다음에 나오는 것은 '매일 사고 기록'에 있는 세 칸을 이용하여 전체 과정이 어떻게 되는지 보여 준다. 'Q'는 질문을 나타내는데, 그것을 적을 필요는 없다.

처음 응답(ATs)	왜곡	합리적인 응답
이 방은 지저분해		
Q 그녀는 게으름뱅이야.	낙인찍기	사실은 그녀는 그녀의 외모처럼 자신에게 중요한 영역에서는 아주 깔끔해.
Q 내 친구들이 집에 와서 그녀의 지저분한 방을 둘러볼 거야.		그들이 그렇게 한다고 해도, 가치 있는 사람들도 방을 정리하지 않는 딸들이 있을 수 있어.
Q 그들은 내가 엄마로서 적합하지 않다고 생각할 거야.	추측하기 전부 아니면 전무라는 사고	그들은 단지 내가 그들과 똑같이 잘못을 저지르기 쉬운 사람이라고 생각할 거야.

Q 친구들이 인정해 주지 않는다면 나는 무가치하다고 느낄 거야.	핵심 믿음	나는 완벽할 필요가 없어. 누군가의 인정이 내가 가치 있는 사람이라고 생각하게 하지 않아. 누군가의 인정으로 내가 가치 있게 되는 게 아니야. 내가 하는 모든 것이 비난의 여지가 없다면 그것으로 훌륭한 거야. 그 누구도 완벽하지 않기 때문에 나는 어쨌든 나를 가치 있는 존재로 받아들이기로 결심했어.

몇몇 일반적인 핵심 믿음

심리학자 앨버트 엘리스가 확인한 수많은 핵심 믿음이 자기 미움이나 우울증과 지속적으로 연결되어 있음을 연구들에 의해 밝혀졌다. 이러한 것들은 합리적인 대안과 함께 특별히 소개될 가치가 있다(본Bourne 1992).

1. **핵심 믿음**: 나는 내가 중요하다고 생각하는 모든 사람에게서 사랑을 받거나 인정을 받아야 한다.

    합리적인 응답: 나는 대부분의 사람들로부터 사랑받거나 인정받기를 원한다. 그래서 나는 그들이 그렇게 하도록 존경하는 태도로 행동하려고 노력할 것이다. 그러나 어떤 사람들이 그들 나름의 이유로 나를 싫어하거나 받아들이지 않는다면 그것은 어쩔 수 없는 것이다. 그것은 재앙이 아니

다. 나의 자존감은 다른 사람들의 일시적인 기분에 좌우되지 않는다.

2. **핵심 믿음: 나는 내가 하는 모든 것에서 철저히 자격을 갖추고, 충분한 요건을 갖추어야 한다. 내가 최고가 되거나 월등히 뛰어나지 않다면 나는 스스로에게 만족하지 않을 것이다.**
   합리적인 응답: 나는 최고가 되기보다는 최선을 다하려고 애쓸 것이다. 내게 특별한 소질이 없다고 해도 나는 그것을 하는 것을 즐길 수 있다. 나는 실패할 수 있는 곳에서도 시도하는 것을 두려워하지 않는다. 내가 틀리기 쉽고, 실패하는 것이 내가 형편없는 사람이라는 것을 의미하지 않는다. 오히려 내가 성장하고 삶의 기회들을 경험하려고 한다면 위험을 감수하는 것은 용기이며 반드시 필요한 것이다.

3. **핵심 믿음: 어떤 것이 위험하거나/위험할 수도 또는 무섭거나/무서울 수도 있다면 나는 그에 관해 심각하게 걱정하고 그것이 일어나는 경우를 계속 경계해야 한다.**
   합리적인 응답: 그런 일을 대면하고 그것을 덜 위험하게 만드는 것은 나에게 아주 흥미로운 일이다. 그리고 그것이 불가능하다면 나는 그것을 되씹고 두려워하는 것을 그만둘 것이다. 걱정이 생길 일을 일어나지 못하게 막지는 못한다. 그 일이 일어난다 해도 나는 잘 대처할 수 있다.

4. **핵심 믿음: 삶의 어려움과 책임을 대면하기보다 피하기가 더 쉽다.**
   합리적인 응답: 내가 아무리 그것들을 싫어한다고 해도 나는 그러한 필요한 것들을 할 것이다. 삶이란 바로 그런 것이다. 휴식과 피하는 것이

종종 충만한 삶에서 정당한 휴식 시간이 되지만, 그것이 내 삶의 중요한 부분을 차지한다면 오히려 역효과를 낳을 것이다.

다음에 유의하라. 마지막 두 가지 비합리적인 믿음은 우리가 걱정에 어떻게 대처하는지를 말해 준다. 그것들은 극단적인 것이 일반적으로 자기-파괴적이라는 것을 보여 주는 다른 연구와 일치한다. 곧 걱정에 사로잡히는 것과 그것들을 부인하거나/피하는 것은 부정적인 결과들을 낳는 경향이 있다. 대체로 걱정에 대한 '효율적인' 중립적인 접근법이 가장 건강한 결과를 낳는다. 문제-해결 접근법으로, 제한된 시간 동안만 걱정에 초점을 맞추어 보자. 그 날의 어느 시간대에(어떤 연구에서는 약 30분 정도를 제안한다) 사실을 모으고, 대안을 생각하고, 느낌들을 인정하고, 자신이 염려하는 것들에 대해서 쓰거나 말하고, 적절한 행동을 취한다. 그다음, 삶의 사랑스러움에 초점을 맞춘다.

비생산적인 핵심 믿음 시험하기

다음에 흔히 갖고 있는, 비생산적인 핵심 믿음의 목록이 나온다. 훈련으로 자신이 지니고 있는 것에 동그라미를 친다. 그다음 그것에 이의를 제기한다. 존경하는 친구나 정신 건강 전문가와 합리적인 응답을 더 상의할 수 있다.

1. 나 자신을 좋게 생각하는 것은 나쁜 것이다.
2. 어떤 조건(성공·돈·사랑·인정 또는 완벽한 성취 등)이 충족되지 않으면 행복할 수 없다.

3. 어떤 조건이 충족되지 않으면 내가 가치가 있다고 느낄 수 없다.
4. 나는 그것을 위해 작업하지 않아도 행복(또는 성공·건강·자기 존중·기쁨·사랑)할 자격이 있다.
5. 내가 성공하는 날, 나는 친구들이 생길 것이고 즐겁게 지낼 수 있을 것이다.
6. 작업은 분명 어렵고 어떤 점에서는 불쾌할 것이다.
7. 기쁨은 '오직' 힘든 작업으로만 얻을 수 있다.
8. 나는 적합하지 않다.
9. 걱정하는 것은 문제들을 대면하고 해결할 준비를 하는 것을 보장해 준다. 그래서 내가 걱정을 하면 할수록 더 좋다(지속적으로 걱정하는 것은 미래의 실수와 문제들을 막는 데 도움을 주고 별도의 통제력을 준다).
10. 삶은 편해야 한다. 문제가 있다면 나는 인생을 즐길 수 없다.
11. 과거는 나를 불행하게 한다. 그것을 피할 방법은 없다.
12. 완벽한 해결책이 있을 것이다. 그래서 나는 해결책을 찾아야 한다.
13. 사람들이 나를 인정하지 않는다면(거부한다면, 비난한다면, 학대한다면) 그것은 내가 열등하고 잘못되고 좋지 않다는 의미이다.
14. 나는 내가 하는 일은 잘한다. 내가 비생산적이라면 나는 무가치하다.
15. 내가 열심히 하기만 한다면 모든 사람이 나를 좋아할 것이다.
16. 내가 열심히 하기만 한다면 나의 미래는 행복해질 것이고 문제가 없을 것이다.
17. 삶은 분명 공정할 것이다.

이러한 많은 핵심 믿음이 어떻게 자존감에 영향을 미치는지 주목하자. 이 핵심 믿음이 어떻게 외적 조건을 가치나 행복의 필수 조건으로 만드는지 주목한다. 일주일 동안 자신의 핵심 믿음을 발견하기 위해서 하루에 한 번 '질문과 대답 기법'을 이용한다. 이전에 완성했던 '매일 사고 기록'이나 새롭게 완성된 '사고 기록'을 이용한다.

chapter 5

현실을 인정하라 '그럼에도 불구하고!'

자기-파괴적인 사고들을 인정하고 대체하는 기술을 익혔으므로 자존감을 연구하는 학생들 사이에서 인기가 있는 기술을 사용할 준비가 되었다. 이 기술의 매력은 그것이 현실을 인정하고 핵심 자기에 관해 여전히 좋은 느낌을 갖는 데 도움을 준다는 것이다. 먼저 핵심 포인트 몇 가지를 재검토해 보자.

1. 사건, 행동, 결과 또는 어떤 다른 외적인 것들에 관해 나쁘게 느끼는 것은 적절할 수 있다(적절한 죄책감이나 실망의 경우와 같이). 이는 핵심 자기에 대해 나쁘게 느끼는 건강하지 않은 성향(이전에 수치심으로 묘사되었던)과는 다르다.
2. "나는 아직까지 이 일에 잘 맞지 않아."라고 말하는 것은 "나는 한 인간으로서 좋지 않아."와는 완전히 다르다. 실패한 것에 대해 나쁘게 느끼는 것은 핵심에서 "나는 실패자야."라고 하는 것과는 전혀 다르다.

3. 자신의 행동과 기술들을 판단하는 것은 괜찮지만, 자신의 핵심, 본질적인 자기를 판단하는 것은 아니다.

기술-형성 활동

우리는 핵심 자기를 단죄하지 않고 불쾌한 외적 상황들을 인정하기를 원한다. 자기를 싫어하는 사람들은 ~때문에, 그래서 사고들을 사용하는 경향이 있다. 예를 들어, "(어떤 외적인 상황) 때문에, 그래서 나는 한 인간으로서 좋지 않다." 이러한 사고는 분명 자존감을 좀먹고 자존감이 발달하는 것을 막을 것이다. 그래서 우리는 ~때문에, 그래서 사고를 피하고 싶어 한다.

그럼에도 불구하고 기술은 불쾌한 외적인 것들에 현실적인, 낙관적인, 즉각적인 응답(외적인 것에서 가치를 분리함으로써 가치감을 다시 강화시키는 응답)을 제공한다. 그러므로 ~때문에 그래서 사고 대신에, 우리는 ~지라도, **그럼에도 불구하고** 사고를 이용한다. 이는 다음과 같다.

―――――――――― 일지라도, 그럼에도 불구하고 ――――――――――
　　(어떤 외적인 것)　　　　　　　　　　　　　　　　(어떤 가치에 대한 진술)

예를 들어 다음과 같다. "내가 그 프로젝트를 망쳤을지라도, **그럼에도 불구하고** 나는 여전히 가치 있는 사람이야." 다른 **그럼에도 불구하고** 진술은 다음과 같다.

- 그럼에도 불구하고 나는 여전히 아주 가치 있다.
- 그럼에도 불구하고 나는 여전히 중요하고 가치 있는 사람이다.
- 그럼에도 불구하고 나의 가치는 무한하고 변하지 않는다.

'그럼에도 불구하고' 연습

파트너를 선정한다. 파트너에게 마음에 떠오르는 부정적인 것은 무엇이든 말해 보라고 한다. 다음과 같이 그것은 사실이거나 거짓일 수 있다.

- 당신은 정말 그것을 완전히 망쳤어!
- 당신의 코는 웃기게 생겼어!
- 당신은 말할 때 웅얼거려!
- 당신은 나를 괴롭혀!
- 당신은 바보 멍청이야!

각 비판에 자신의 자아를 뒤로하고, ~**일지라도, 그럼에도 불구하고** 진술로 응답한다(하워드Howard 1992). 아마도 인지 치료 기법들의 어떤 것을 이용하기를 원할 것이다. 예를 들어, 어떤 사람이 '멍청이'라는 꼬리표를 붙인다면 "내가 어떤 때는 바보처럼 **행동한다**고 할지라도, 그럼에도 불구하고…"라고 답할 것이다. 저자 잭 캔필드(Jack Canfield 1988)는 5살 난 어린아이도 적용할 수 있는 비슷한 접근법을 좋아한다. "당신이 무슨 말을 하더라도 나는 여전히 가치 있는 사람이에요."

기술-형성 용지

단계들

1. 다음 6일 동안 매일, 자존감을 잠식할 것 같은 세 가지 사건을 선택한다.
2. 각각의 사건에 응답하면서 ~**일지라도, 그럼에도 불구하고** 진술을 만든다. 그다음 아래에 사건이나 상황, 사용된 진술, 그리고 이 진술을 선택하고 그것을 자신에게 말하면서 드는 느낌들에 미친 영향을 묘사하라.

날짜	사건/상황	사용된 진술	영향
첫째 날 1. 2. 3.			
둘째 날 1. 2. 3.			
셋째 날 1. 2. 3.			

넷째 날 1. 2. 3. 다섯째 날 1. 2. 3. 여섯째 날 1. 2. 3.			

chapter 6

당신의 핵심 가치를 존중하라

당신에게 부족한 것보다 가지고 있는 것을 생각하라.
자신이 가진 것 가운데 최고의 것을 선택한 다음 그것을 가지지 않았다면
얼마나 간절하게 그것을 구하려고 했을지 숙고해 보라.

마르쿠스 아우렐리우스Marcus Aurelius

이 장에서는 자신의 핵심 가치를 정확하게 보도록 돕고자 한다. 자존감이 낮은 사람들은 자신의 가치를 어떤 특징이나 행동을 조건으로 하여 편협하게 규정하는 경향이 있다. 앞서 말했듯이, 그들이 이러한 특징이나 행동을 증명하는 데 실패할 때 그들의 자존감은 위협을 받는다. 그에 반하여, 자존감을 지닌 사람들은 자신의 가치를 확보하고 있다. 그들은 열망하는 많은 특징들이나 행동들이 자신의 가치를 **표현하고, 깨우쳐 주는 계기가 된다는** 것을 깨닫는다. 그들은 어떤 영역에서의 부진한 실적으로 자신을 규정하지 않는다. 그들은 성숙할수록 사람들이 자신을 다양하고 복잡한 방식으로 표현하고, 자신

의 핵심 가치를 표현하는 점점 더 많은 방식들을 발견한다는 것을 알게 된다.

예일 대학의 심리학자 파트리치아 린빌(Patricia Linville 1987)은 자기에 대한 우리의 관점이 더 뒤얽히고 복잡할수록 자존감이 스트레스에 대한 회복에 더 많은 영향을 미친다는 것을 발견했다. 예를 들어, 자신을 테니스 선수로만 보는 사람은, 자신을 다양한 역할을 통해 표현되는 많은 특징들의 복합체로 보는 나이와 경험이 많은 사람보다 테니스 게임에서 지면 자존심에 더 상처를 입기 쉽다.

한 사람 한 사람은 모든 특성을 지닌, 아직 피지 않은 꽃에게 필요한 무한한 가치를 지닌 씨앗과 같다. 그러한 특성들은 다른 많은 방식으로 드러날 수 있다. 예를 들어, 어떤 사람들은 자신의 창의적인 달란트들을 예술적으로 표현하고, 어떤 사람들은 자신의 문제를 해결하거나 생존하는 방식으로 표현하고, 또 다른 사람들은 사람들을 돕거나 연민을 보여 주는 방식으로 표현한다. 어떤 특성들 안에서 창의적인 달란트들은 현재 상대적으로(결코 절대적일 수는 없지만) 잠자고 있는 듯하다. 그럼에도 불구하고 각 사람은 어떤 형태의 미완성의 창의성을 갖고 있다. 마찬가지로, 각 사람은 발달의 어떤 단계에서 바람직한 속성을 모두 갖고 있다. 재소자도 **때때로** 정직하다. 심지어 갱 두목도 의사소통 또는 조직화 기술에서 상당히 창의적일 수 있다(하지만 자존감이 있다면 갱 두목은 파괴보다 건설적인 목적을 위해 이러한 기술들을 사용할 가능성이 더 높다).

각 사람은 완성의 여러 단계에 있는 초상화에 비교될 수 있다. 어떤 사람 안에서는 한 영역이 상당히 발달되고 흥미로운 방식으로 빛을 반사한다. 또 다른 어떤 사람 안에서는, 어떤 한 영역이 나머지 영역보다 두드러지지는 않지만 여러 영역들이 얼마간 발달되고, 독특하고 흥미로운 패턴을 형성한다. 우리는 예술가의 눈으로 각각의 초상화를 보고 독특한 패턴들과 가능성들을 즐긴다.

다음 활동을 통해 더 현실적으로 그리고 정직하게 자신의 핵심 자기를 인정하게 될 것이다. 그리고 지금 현재도 핵심 자기가 자신에게 자신의 가치를 상기시켜 주는 방식으로 표현되고 있음을 이해하게 될 것이다.

기술-형성 활동

이 활동은 세 부분으로 구성된다. 첫 번째 부분은 사람들을 묘사하는 많은 성격 특성들을 목록화한다. 두 번째 부분은 자신에게 특히 중요한 특성들을 탐구하도록 한다. 세 번째 부분은 그 응답이 어떻게 자신의 핵심 가치를 독특하게 입증하는지 깨닫도록 도와준다.

첫 번째 부분: 성격 특성들

다음에 나오는 목록화된 성격 특성들 하나하나에 0에서 10까지 자신의 등급을 매긴다. 0은 이 특성이 완전히 전혀 없다는 의미이다(예 – 당신은 조금도 그것을 입증하지 못한다). 10은 이 특성이 완벽하게 발달했음을, 그리고 누구나 할 수 있는 것처럼 자신도 그것을 잘할 수 있음을 보여 준다는 의미이다. 자신의 등급을 매길 때 되도록 공정하고 정확하게 하려고 애쓰자. 등급을 늘리거나 줄이지 마라. 어떤 항목에서 더 높게, 다른 항목에서 더 낮게 평가가 되어도 걱정하지 마라. 이는 정상적이며, 다른 사람과 경쟁하는 것이 아니다. 높은 등급이 더 가치가 있다는 의미는 아니다. 가치는 이미 주어진 것이고 모든 사람이 다 같음을 기억하라. 우리는 단지 가치가 현재 표현되는 독특한 방식들을 알아차리는 것이다. 객관적으로 할 때 모든 유익을 얻게 된다. 전부 아니면 전무라는 사고방식과 과잉 일반화는 피한다. 적절한 등급에 동그라미를 친다.

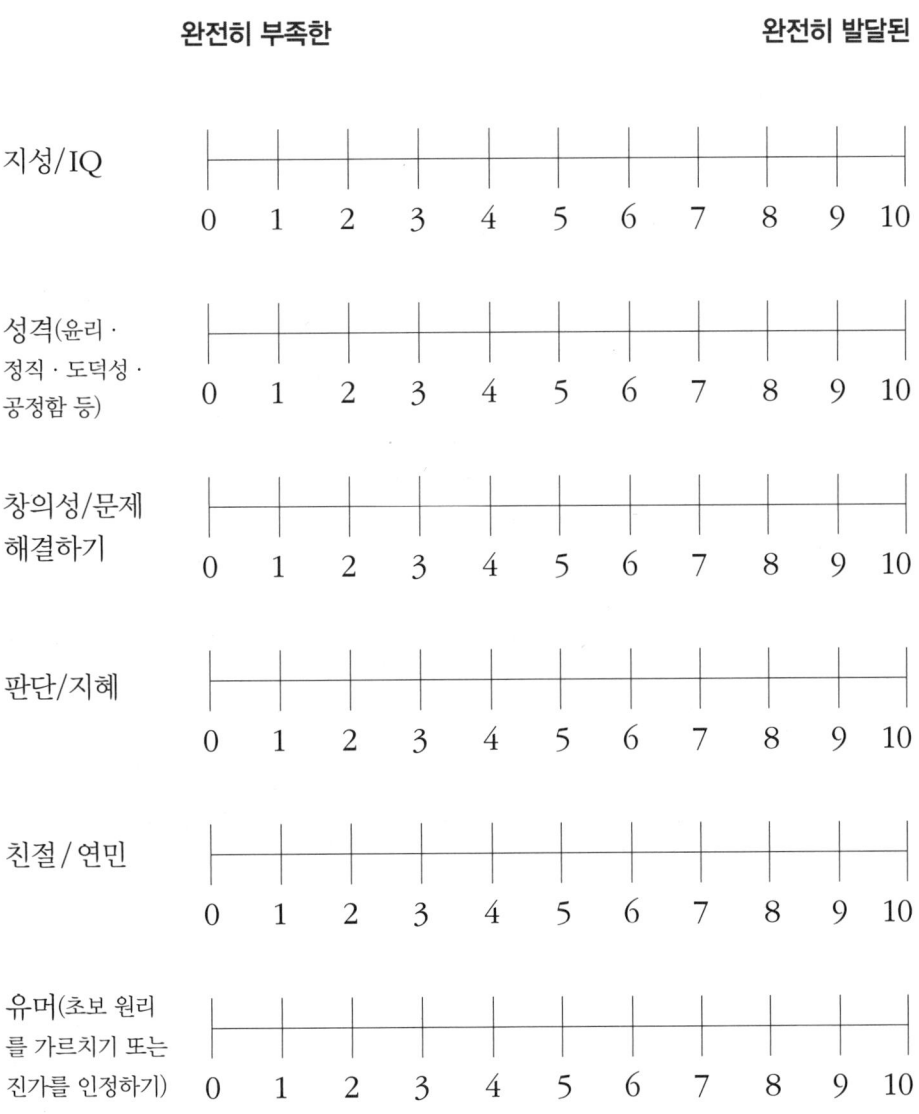

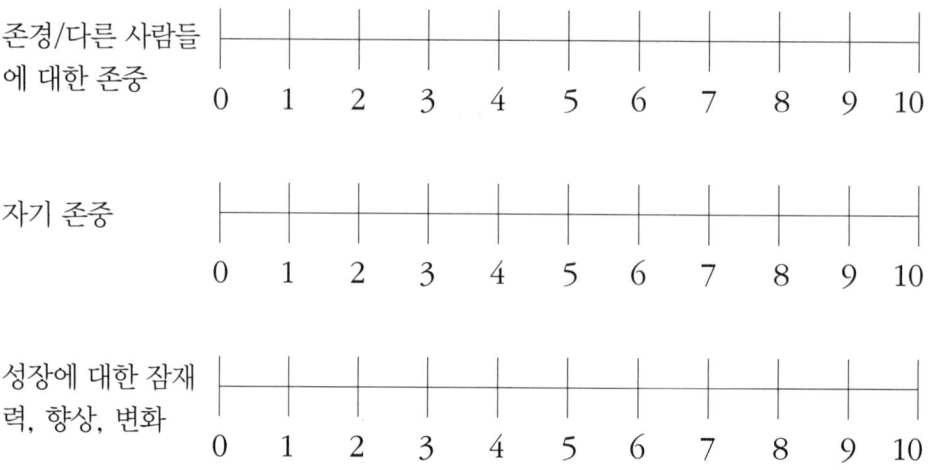

두 번째 부분: 부가적인 성격 특징들

이 부분에서 자신이나 다른 사람들의 안녕에 기여하는 방식을 설명하는 다섯 가지 부가적인 특징들의 목록을 만든다. 인간을 묘사하는 많은 속성들을 생각할 때 쉬운 일은 아니다. 벤저민 프랭클린Benjamin Franklin의 '13가지 덕목들'(예 – 절제 · 침묵 · 질서 · 해결 · 검소 · 근면 · 성실 · 정의 · 온화 · 청결 · 평온 · 순결 · 겸손)(타마린Tamarin 1969), '보이 스카우트 법'(스카우트는 ~이다), 자신에게 있는 다른 속성들(예 – 식별 · 민감성 · 사랑 · 자기 성찰 · 결정 · 질서 정연 · 따뜻함 · 용기 · 조직 · 쾌활함 · 인간 생명과 존엄성에 대한 존중 · 장난기 · 온화함 · 분별 등)에 대해서 생각해 보자. 기준은 이러한 속성을 완벽하게 가지고 있다는 것이 아니라, 단지 그것을 어느 정도 가지고 있다는 것이다. 이제 첫 번째 부분에서 했던 이러한 특성의 발달 정도의 등급을 매겨 보자.

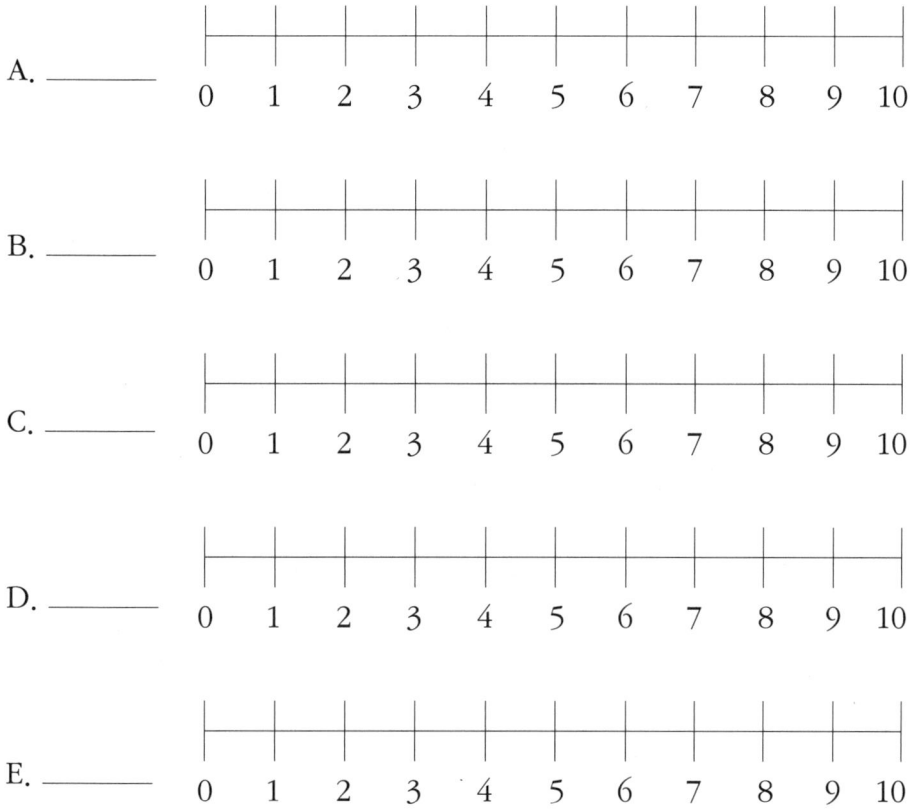

세 번째 부분: 해석

 인간은 복잡하고 다양하기 때문에 이 훈련을 완성해 가는 패턴은 당연히 사람마다 다르다. 어떤 영역에서는 더 높을 수 있고, 또 어떤 영역에서는 더 낮을 수 있다. 또한 거의 극단은 없기 때문에 아마도 0이나 10이 없다는 것을 알게 될 것이다.

 이 활동은 다양한 발달 단계에서 복잡하고 독특한 개인적인 초상화의 속성을 보여 준다. 이러한 복합성에서 핵심 가치에 대한 좀 더 확실한 인식이 분명해진다. 숫자로 표시하는 등급 개념(척도)은 다른 사람과 비교하는 것이 아니라 온전함의 이미지를 나타낸다. 그것은 고전적인 그림과 매우 유사하다. 어떤 색깔은 밝고 어떤 색깔은 흐릿하다. 각각은 다른 것을 보완한다. 그리고 그것들은 함께 독특한 전체를 형성한다. 낮은 등급들의 영역은 어떠한가? 이러한 것들을 보는 데에는 최소한 두 가지 방식들이 있다. 하나는 스스로를 피할 수 없는 결함을 지닌 아름다운 다이아몬드라고 마음에 간직하는 것이다. 대신에 낮은 등급의 항목들을 개선할 수 있는 가장 위대한 잠재력을 가진 영역들로 보고 도전을 즐길 수 있다.

다음의 질문에 답해 보자.
A. 자신이 응답한 첫 번째 부분과 두 번째 부분을 숙고할 때 가장 좋게 느끼는 것은 어느 속성인가?

B. 나 자신이 가장 큰 능력을 가지고 있다고 생각하는 속성들은 _____ 이다. 이유는…

C. 그림 분석처럼 자신을 생각해 보자. 편견이 없는 관찰자가 전체 초상화를 생각한다면 어디가 '빛이 가장 밝게 비추는' 곳이겠는가? 달리 말해, 어떤 사람이 현재 있는 그대로의 당신을 보는 시간을 갖는다면 가장 감사하고 즐길 수 있을 것 같은 곳은 어느 영역인가?

D. 이 활동에서 내가 배운 것은…

chapter 7

근간을 이루는 핵심
- 긍정하는 사고 습관을 형성하라

자기-수용이 자기도취에 빠지게 하는 것은 아니다. 반대로 친절, 존경, 격려, 지지, 확고하지만 돌보는 훈육… 이러한 것들이 발달에 적합한 토양이며 기후이다.

작자 미상

자존감이 있는 사람이나 없는 사람이나 모두 틀리기 쉽다. 그들 모두 실수를 하고 목표와 꿈에 미치지 못한다. 두 그룹 모두에 매력적인 사람과 그렇지 않은 사람들이 있다. 그리고 두 그룹 다 사업, 학교, 스포츠, 관계 또는 다른 영역에서 성공한 사람과 그렇지 않은 사람들을 포함한다. 두 그룹을 어떻게 구분하는가?

연구와 임상 경험은 자존감이 있는 사람들은 자신에 대해서 자신을 미워하는 사람들과는 다르게 생각하고 이야기한다고 지적한다. 예를 들어, 실패를 하고 나서, 자존감이 없는 사람들은(A성격 유형의 사람들과 불안 테스트에서 높은 점수를 받은 사람들과 더불어) "내가 무엇을 잘못 했지?" "더 잘 알았어야 하는 건데!" "나는 왜 이 모양이지?"와 같이 대단히 자기-비판적인 사고를 하는 것으로 보인다. 반대로, 자존감이 있는 사람들, B성격 유형의 사람들과 불안 테스트에서 낮은 점수를 받은 사람들은 외적인 요소들과 행동에 초점을 맞추면서 실패를 더 동정적으로 평가하는 경향이 있다(예 - "이 시험은 어려웠어." "한정된 시간에 너무 많은 요구를 받았어." "나는 충분히 공부하지 않았어. 다음번에는 더 잘 준비할 거야."). 이러한 진술들은 스트레스를 불러일으키는 상황에 직면할 때 자기-비난 없이 행동을 개선하려고 하면서 자존감을 보존하는 경향이 있다.

자존감이 없는 사람들은 '잘못된' 것에 초점을 맞춤으로써 자신이 부족하고 적절하지 못하다고 느낀다. 그들은 자기 자신을 가치 있는 존재로 경험하는 동기와 기쁨을 잃고 좌절하게 된다. 그들이 자신을 성장하는 쪽으로 몰고 간다면 역설적으로 성공을 약화시키는 충동적이며 기쁨이 없는 방식으로, 완벽주의적인 기준에 입각해서 그렇게 한다(번스Burns 1980). 대조적으로, 자존감이 있는 사람들은 다듬어지지 않은 부분과 불완전함에도 핵심의 올바름을 인정한다. 옳은 것에 초점을 맞춤으로써 그들은 몽둥이가 아닌 당근을 가지고 자신이 성장하도록 동기를 부여한다.

인지 치료는 자존감을 훼손하는 부정적인 사고들을 없애 준다. 이 활동은 자존감을 형성하고 보존하는, 의기를 높이고 자기-긍정적인 사고들을 생각하게 하는 훈련이다.

기술-형성 활동

다음은 자존감이 높은 사람들이 자기 자신과 하는 대화를 전형적으로 보여주는 진술 목록이다. 각 진술에 초점을 맞추고 순서대로 다음으로 넘어가라.

1. 약 20분 정도 조용한 곳에서 편안하게 있을 수 있는 의자에 허리를 곧게 펴고 앉는다.
2. 눈을 감는다. 2~3번 심호흡을 하면서 가능한 한 깊이 그리고 충분히 숨을 쉬며 몸의 긴장을 푼다. 유쾌한 경험을 하도록 자신을 준비하고, 그것을 기대하라.
3. 눈을 뜨고 첫 번째 진술을 충분히 읽는다. 그다음 눈을 감고 그 진술에 **집중한다**. 천천히 세 번 반복하고, 마치 그 진술이 아주 정확한 것처럼 느껴 본다. 실제로 자신이 그 상황에서 그 진술을 생각하고 믿고 있다고 상상할 수 있다. 그 상황을 경험하기 위해서 자신의 모든 감각들을 이용하라.
4. 진술이 아직 자신에게 맞지 않다고 해도 걱정하지 마라. 이를 단순히 새로운 정신 습관을 형성하기 위해 인내를 요하는 훈련으로 생각한다. 혼란스럽게 하거나 진행 과정을 훼손하는 부정적이거나 회의적인 사고들을 허용하지 마라. 완벽함을 요구하지 말고, 실제로 일어나는 것은 무엇이든 받아들인다. 진술이 올바르지 않다고 느낀다면 건너뛰고 나중에 그 진술로 다시 돌아온다. 아니면 그것을 좋게 느끼고, 긍정적인 점을 부각시킬 수 있도록 수정한다.
5. 목록으로 된 각 진술에 세 단계를 적용한다. 전체 훈련은 약 20분 정도

걸린다.
6. 이 활동을 6일 동안 매일 한다.
7. 매일 이 활동을 한 후에, 자신이 어떻게 느끼는지 주의를 기울여 본다. 많은 사람들이 이 훈련 후 사고가 점점 더 편안해지기 시작한 것을 느끼고, 신뢰하는 친구처럼 되기 시작한다고 이야기한다. 6일 이내에 편안해지지 않는 사고들은 프로그램 끝부분에서 다시 거기로 돌아올 때 편안해질 것이다.

자존감 사고들

1. 나는 나 자신에 대해 좋게 생각한다. 그것은 좋은 것이다.
2. 나는 내가 나의 약점, 실수 또는 어떤 다른 외적인 것들 이상이라는 것을 알기 때문에 나 자신을 받아들인다.
3. 비판은 외적인 것이다. 그 비판이 한 인간으로서 나의 가치를 떨어뜨린다고 결론 내리지 않으며 개선할 방법이 있는지 검토한다.
4. 나는 한 인간으로서 나의 가치를 의심하지 않고 나의 행동을 비판할 수 있다.
5. 나는 성취나 진행 과정의 각 신호가 나 자신이나 다른 사람들에게 아무리 하찮게 보일지라도 그것에 관심을 기울이고 즐긴다.
6. 다른 사람들이 한 인간으로서 나보다 더 가치가 있다고 결론을 내리지 않으면서 나는 그들이 한 성취와 과정을 즐긴다.
7. 나는 일반적으로 잘 살 수 있고, 그렇게 하기 위해서 필요한 시간, 노력, 인내, 훈련, 지원을 할 수 있다.

8. 나는 다른 사람들이 나를 좋아하고 존중하기를 기대한다. 그들이 그렇게 하지 않아도 괜찮다.

9. 나는 일반적으로 성실함과 존중하는 태도를 통해 사람들의 신뢰와 애정을 얻을 수 있다. 그렇게 되지 않아도 괜찮다.

10. 나는 대체로 관계와 일에서 건전한 판단을 한다.

11. 나는 나의 합리적인 견해로 다른 사람들에게 영향을 줄 수 있고, 그래서 효과적으로 제시하고 방어할 수 있다.

12. 나는 다른 사람들이 즐기도록 도움 주기를 좋아한다.

13. 나는 새로운 도전을 즐기고 일들이 즉시 잘되지 않더라도 당황하지 않는다.

14. 내가 하는 일은 일반적으로 질적인 측면에서 좋고, 그래서 나는 미래에 가치 있는 많은 일을 할 것을 기대한다.

15. 나는 나의 강점들을 알고 있고 그것을 존중한다.

16. 나는 내가 때때로 하는 우스꽝스러운 어떤 것들에 대해 웃을 수 있다.

17. 나는 내가 기여하는 것을 통해 다른 사람들의 삶에 영향을 줄 수 있다.

18. 나는 다른 사람들을 더 행복하게 해주는 것을 즐기고 우리가 함께하는 시간들이 기쁘다.

19. 나는 나 자신을 가치 있는 사람이라고 생각한다.

20. 나는 온화한 사람이 되고 싶다. 나는 독특하게 되는 것이 기쁘다.

22. 나는 다른 사람들과 비교하지 않고 나 자신을 좋아한다.

23. 나는 당연히 나의 핵심 가치를 존중하기 때문에 내면에서 항구함과 안정감을 느낀다.

chapter 8

조건 없는 인간 가치에 대한 개관

지금까지 자존감이라는 첫 번째 블록, 곧 '조건 없는 인간 가치'와 관련된 몇 가지 아주 중요한 생각과 기술을 탐구했다. 미래의 생각과 기술은 이러한 기둥에 기초해 세워질 것이므로 지금까지 배운 것을 잠시 멈추어 재음미하는 것이 중요하다.

세 가지 중요한 생각들

1. 각 사람은 천부적으로 무한하고, 변하지 않고, 동등한 가치를 지닌다.
2. 핵심 자기는 외적인 것에서 분리된다. 외적인 것이 핵심을 가릴 수 있고 또는 핵심이 빛나도록 도움을 줄 수 있지만, 핵심적인 가치는 변하지 않는다(예 - 무한하다).

3. 사람들은 독특한 방식과 패턴으로 자신의 가치를 표현하지만, 각 사람은 핵심에서 온전하고 태 안에서 이미 모든 필요한 속성을 지니고 있다.

네 가지 학습된 기술들

1. 부정적이고 핵심을 공격하는 사고(예 - 왜곡)를 대체하라.
2. **~일지라도, 그럼에도 불구하고** 기술을 이용하라.
3. 자신의 핵심 가치를 존중하라.
4. 근간을 이루는 핵심-긍정하는 사고 습관들을 형성하라.

일반적인 재음미

이전 장들에서 배운 생각과 기술을 강화하는 것이 도움이 된다. 그러므로 다음의 진술들을 완성하기 위해서 잠시 시간을 가진다. 지금까지 해 오던 것을 재음미하기 위해서 앞의 장들로 돌아갈 수 있다.

• 나에게 가장 의미 있던 생각들은…

• 내가 가장 기억하고 싶은 기술들은…

나는 온 인류가 명확하게 하는 순간들과 통찰력들을 제공하는 방식들에 늘 감사한다. 다음은 미국 여성 참정권론자 엘리자베스 캐디 스탠턴 Elizabeth Cady Stanton의 이야기로, 숙박 시설 벽에 붙어 있었다.

"나는 소년들과 동등해지기 위해서 가장 중요한 것이 배우고 용감하게 되는 것이라고 생각했다. 그래서 희랍어를 배우고 말 다루는 법을 배우기로 결심했다."

B&B 경영자로 말 타는 법을 배운 한 훌륭한 여성이 나에게 벽에 게시된 것을 읽어 보라고 말했다. "멋진 문구 아닌가요?" 내가 대답했다. "그래요. 그래서 나는 내용을 종이에 옮겨 적었어요. 하지만 약간 나를 불편하게 해요." 그녀가 말했다. "왜요? 말을 다루는 법은 자제력을 키워 줘서 좋잖아요." 내가 다시 말했다. "동의해요. 배우고 용감해지는 것은 좋은 거예요. 하지만 근본 주장은 전적으로 잘못되었어요. 다른 사람과 동등해지기 위해서 어떤 것을 해야 한다는 생각은 잘못된 것이에요. 자기만족을 위해 배우거나 하는 것은 좋지만, 다른 사람과 동등해지려고 그러는 것은 아니라고 봐요. 우리는 이미 동등하니까요."

요소 II
조건 없는 사랑 경험하기

chapter 9

조건 없는 사랑의 기초들

앞에서 우리는 질문했다. "부모의 선례가 없을 때 우리는 어떻게 자존감을 형성하는가?" 지금까지 우리는 '조건 없는 가치'라고 불리는 첫 번째 블록 또는 구성 요소를 탐구했다. 이 요소는 핵심 가치에 대한 정확한 인식에 기초한다. 그러한 의미에서 이 요소는 인지 또는 지성과 관련이 있다.

두 번째 요소인 '조건 없는 사랑'은 주로 감정과 관련이 있는 아름답고 아주 강력한 블록이다. 첫 번째 요소가 주로 자존감 정의의 **실제적인** 부분과 관련이 있는 반면에, 두 번째 요소는 주로 정의를 **감식하는** 부분과 관련이 있다. 이제 우리의 관심을 이 요소로 돌려 보자.

'조건 없는 가치', 즉 우리가 생각하는 것에 관한 인지와는 달리, 사랑은 경험하는 어떤 것이다. 철학자들이 사랑에 관해서 지적으로 분석했다 하더라도, 사람들은 사랑을 경험할 때 알아차리게 된다. 그렇지 않은 누군가를 본 적이 있는가?

마더 데레사Mother Teresa가 사람들에게 봉사할 때 그 대상이 콜카타의 죽어가는 사람이든 레바논의 경련성 마비 아이든 중요하지 않았다. 매혹적인 어떤 일이 일어났다. 그들이 그녀의 눈을 들여다보는 순간, 그리고 그 눈을 통해 들어오는 위대한 사랑을 느끼는 순간 그들은 더 이상 눈길을 돌리지 않았다. 그들은 더 평온해지고 얼굴 표정이 부드러워졌다. 그들이 '흠, 어디 보자. 이것이 아가페인가, 에로스인가, 아니면 부모로부터의 사랑인가?'라고 생각했겠는가? 아니다. 그들은 단순히 사랑을 알아차리고 그에 응답했다. 마더 데레사가 그들을 보고, 그들에게 말하고, 그들을 만지는 중에 그들은 사랑을 느꼈다(패트리와 패트리Petrie and Petrie 1986).

기본 원리들

1. 마더 데레사가 깨달은 것처럼 각 사람은 사랑하고 사랑받기 위해서 태어났다(패트리와 패트리 1986).
2. 각 사람은 어엿한 가치 있는 존재로 느끼기 위해서 확인(예 – 사랑)이 필요하다. 즉 모든 사람은 자신이 사랑받고, 수용되고, 가치가 있다는 것을 확인할 수 있는 근원을 필요로 한다. 심리학자 에이브러햄 매슬로(1968)가 말했다. "사랑의 욕구는 태어난 모든 인간을 특징짓는다. …본질적인 핵심이 …수용되고, 사랑받고, 존중받지 않는다면 어떤 심리학적 건강도 불가능하다." 따라서 사랑은 중요하다. 다른 사람들에게 사랑을 받지 못한다면 스스로 사랑을 제공하는 것이 좋다.

사랑은 무엇인가?

자존감의 두 번째 요소로 중요한 블록인 사랑의 특성을 확실하게 이해하는 것은 도움이 된다. 사랑이란 다음과 같다.

1. **경험하는 느낌**이다. 우리는 사랑을 경험할 때 사랑을 알아차린다.
2. **태도**이다. 사랑은 매 순간 사랑하는 사람을 위해 최상의 것을 원한다(주목하자. 다른 사람들에 대한 사랑과 자신에 대한 사랑은 서로 배타적이지 않다. 이상적으로, 사랑의 태도는 둘을 에워싼다).
3. 매일 내리는 **결정**이며 헌신이다. 사랑이 어려울 때도 있겠지만, 때때로 '사랑을 할 것이다.'
4. 연마되는 **기술**이다.

어떤 사람은 사랑(그리고 감사, 수용, 애정과 같은 느낌과 관련된)이 우리가 가질 수도 있고 그렇지 못할 수도 있는 느낌일 뿐이라고 잘못 가정한다. 누군가 사랑을 알아차리고 응답할 수 있다 하더라도 사랑하는 것은 우리가 배워야 하는 어떤 것이다.

텔레비전에서 프레드 로저스Fred Rogers는 "나는 있는 그대로의 널 좋아해."라고 아이들에게 말하면서 매일 '조건 없는 사랑'을 보여 준다. 그가 부르는 다음 노래(로저스 1970)의 외적인 것과 분리한, 핵심을 좋아하는 메시지에 주목하자.

내가 좋아하는 것은 바로 너야.

네가 입고 있는 것들이 아니야.

너의 머리 모양이 아니야.

내가 좋아하는 것은 바로 너야.

너의 바로 지금 모습,

네 내면 깊은 곳에 있는 그 모습이야.

너를 가리고 있는 것들이 아니야.

로저스는 병약한 아이라서 돼지풀 꽃가루(알레르기를 유발한다)가 날리는 계절에는 에어컨이 있는 방에만 틀어박혀 지냈다. 여덟 살 때 프레드(로저스)는 할아버지 농장을 방문했다. 그는 농장에 있는 암벽을 따라 기어오르면서 너무도 즐거웠다. 나중에 할아버지는 그에게 다음과 같이 말했다. "프레드, 너는 너 자신이 됨으로써 오늘을 특별한 날이 되게 했구나. 기억해라, 너는 세상에서 유일한 사람이란다. 그래서 나는 있는 그대로 널 좋아한단다."(샤라판Sharapan 1992)

　이 이야기는 우리 각자가 우리보다 앞서 간 사람의 업적 위에 서 있다는 것과 **조건 없이 사랑하는 것은 학습된다**는 것을 실례로 보여 준다.

사랑의 두 가지 이야기

사랑을 정의하는 것보다 사랑을 알아차리는 것이 더 쉽다. 다음 두 이야기는 사랑을 아주 잘 묘사하고 있다.

사랑은 길을 찾는다

일리노이 주 윌메트Wilmette의 버니 마이어스Bernie Meyers가 70세에 암으로 갑자기 죽었을 때 열 살 난 손녀 사라 마이어스Sarah Meyers는 할아버지에게 작별 인사를 할 기회가 없었다. 몇 주 동안 사라는 자신이 느끼고 있는 것을 거의 말하지 않았다. 그러던 어느 날 그녀는 친구의 생일 파티에서 밝은 빨간색 풍선을 가지고 돌아왔다. 그녀의 어머니는 이렇게 회상했다. "아이가 집 안으로 들어왔어요. 그리고 사라는 '하늘 높은 곳에 있는 할아버지 버니에게'라고는 적힌 봉투와 풍선을 가지고 밖으로 나갔어요." 봉투 안에는 사라가 할아버지를 사랑하고 자신의 말이 그에게 전해지기를 바란다는 편지가 들어 있었다. 사라는 답장을 받을 주소를 봉투에 쓰고 풍선에 묶어 날려 보냈다. 그녀의 어머니는 기억하고 있었다. "풍선은 아주 약해 보였어요. 나는 풍선이 나무 위로 날아갈 것 같지 않았어요. 하지만 풍선은 나무 위를 훌쩍 넘어갔어요."

두 달이 지난 어느 날 '사라 마이어스 가족에게'라고 적힌 편지가 도착했다. 편지에는 펜실베이니아 주 요크York 우편 소인이 찍혀 있었다.

> 친애하는 사라와 그 가족, 친구들에게. 버니 마이어스 할아버지에게 보낸 편지는 분명히 그곳에 도착해서 할아버지가 읽으셨을 거예요. 하지만 천국에서는 물질적인 것들을 갖고 있을 수 없으니까, 그 편지가 다시 땅으로 떠밀려 나에게 왔다고 생각해요. 천국에는 생각이나 기억, 사랑, 그와 비슷한 것들만 있겠지요. 사라, 사라가 할아버지를 생각할 때마다 할아버지는 그것을 알고 계시고, 넘치는 사랑으로 사라 곁에 계실 거예요. 진심을 담아, 돈 코프(나 역시 할아버지에요).

63세의 은퇴한 검수 담당자 돈 코프Don Kopp는 펜실베이니아 북동쪽(월메트에서 거의 600마일 떨어진)에서 사냥을 하다가 편지와 바람이 거의 다 빠진 풍선을 발견했다. 풍선은 적어도 세 개 주州와 오대호 가운데 하나 위를 떠다닌 뒤에 블루베리 밭에 떨어졌다.

코프는 이렇게 적었다. "무슨 말을 할지 생각하느라 이틀을 보냈다. 사라에게 편지를 쓰는 것이 내게는 참으로 중요했다." 사라는 말했다. "나는 어떻게든 할아버지로부터 소식을 듣고 싶었어요. 생각하기 나름인 거 같아요. 나는 지금 할아버지에게 소식을 들었다고 생각해요."

밥 그린Bob Greene, '시카고 트리뷴'(Chicago Tribune 1990)에서

사랑에 관해서 배우기: 어머니 테레사에 관한 이야기

어머니는 하루 종일 굉장히 바쁘셨지만, 저녁이 되면 곧바로 아버지를 마중하기 위해서 재빨리 준비하셨다. 그 당시 우리는 그런 것을 이해하지 못하고, 웃으며 어머니를 놀리기도 했다. 그러나 지금은 어머니의 아버지에 대한 사랑이 얼마나 대단하고 섬세했는지 기억한다. 그날 무슨 일이 있었는지는 중요하지 않았으며 어머니는 웃으면서 아버지를 맞을 준비를 하셨다(헌트Hunt 1987).

사랑의 원천들

사랑은 최소한 세 가지 원천, 곧 부모와 자신, 그리고 중요한 사람들에게서 경험할 수 있다. 신학자들은 중요한 네 번째 원천, 곧 하느님의 사랑을 더한

다. 대부분의 신학자들은 하느님의 사랑은 조건이 없고 은총의 선물이며, 늘 다가갈 수 있는 성장을 위한 가장 안전한 기반이라고 가르친다. 하느님의 사랑에 대한 충분한 탐구가 이 책의 범위를 넘어설지라도 이 영적 기반은 실로 유익할 수 있다.

부모

부모는 '조건 없는 사랑'의 이상적인 원천이다. 가족들에게 조건 없는 사랑을 받는다면 좋겠지만, 부모는 불완전하게 사랑하는 틀리기 쉬운 사람들이다. 부모에게 완벽한 '조건 없는 사랑'을 받은 아이는 아무도 없다. 과거에 받지 못한 사랑을 안타까워하며 시간을 허비하는 것은 좋지 않다. 이 책 앞부분에서 언급했듯이, 비난은 자신을 과거에 가두고 무기력한 희생자처럼 느끼게 할 뿐이다.

자신

우리가 다른 사람들에게 사랑을 받지 못했다면 "나는 성장에 필요한 사랑을 어떻게 제공받을 수 있을까?"라고 질문할 수 있다. 우리가 곧 보게 되겠지만, 우리는 이 필요한 사랑을 다양한 방식으로 제공할 수 있다.

중요한 다른 사람들

친구나 배우자 또는 친척들과 같은 중요한 사람들의 사랑을 의도적으로 마지막 근원으로 잡았다. 다른 사람에게 사랑을 받는 것은 좋은 일이다. 그러나 부모와 마찬가지로, 다른 사람들도 완벽한 '조건 없는 사랑'을 결코 제공할 수 없을 것이다. 다른 사람들로부터 얻은 반응은 우리의 핵심 가치의 진정한 반응이라기보다는 그들이 그들 자신에 관해서 느끼는 방식의 반영일 가능성이 크다. 사람들이 그들 자신에 대해 현실적이며 정직한 그리고 진가를 인정하는 평가를 하지 못할 때 그들은 자주 사회적으로 빈곤하게 된다. 곧 그들은 자신이 결핍되어 있는 핵심을 인정받기 위해서 다른 사람들에게 의지하게 되고, 그래서 그들은 필사적으로 원한다. 그들은 다른 사람들을 숨 막히게 하고 감정적으로 상대방을 다 빨아들여 메마르게 한다. 그들의 불안정함이 사람들을 쫓아 버리고, 이 거부로 인해 망연자실하게 된다. 그들이 다른 사람들의 존중을 얻는다고 하더라도, 이는 **다른** 존중이지, 자존감이 아니다. 다른 사람들의 존중은 자존감의 내면의 안정을 결코 대신하지 못한다.

그래서 현명한 길은 의존할 수 있는 사랑의 원천에 자신이 첫 번째 책임을 지는 것이다. 그 근원은 자신이다. 온전한 사랑을 제공하는 법을 탐구하기 전에, 사랑과 관련된 몇 가지 중요한 부가적인 전제들을 탐구하자.

사랑과 관련된 부가적인 전제들

가치와 마찬가지로, 사랑은 일시적인 패배에 흔들리지 않고 매일의 자기-평가에 의존하지 않는, 조건이 없는 것임에 틀림이 없다. 다른 말로, 우리는 자신에게 "내가 미숙하게 성취할지라도 나는 여전히 나를 사랑한다."고 말할 수 있다.

사랑은 또한 나 자신을 대단한 존재처럼 **느끼게** 한다. 그것은 자신을 규정하거나 자신의 가치를 제공하지 않는다. 그것은 단지 자기 스스로 그것을 깨닫고, 경험하고 진가를 알도록 돕는다. 밀스 브라더스(Mills Brothers 1983)가 노래한 오래된 아름다운 멜로디를 들어 봤을 것이다. "당신은 누군가가 당신을 사랑할 때까지는 보잘것없는 그저 그런 사람이야." 이러한 훌륭한 연기자들에게 결례를 범하는 것이 아니라면 노래를 다음과 같은 타이틀로 하는 것이 좋을 듯하다. "당신은 항상 대단한 사람이며, 사랑은 당신이 그것을 알도록 돕는다."

마지막으로, 사랑은 성장의 기반이다. 역은 거의 성립되지 않는다. 그러므로 생산하는 것이나 기대 이상의 성과를 내는 것은 대개 핵심 자기에 대한 사랑의 결핍으로 인한 고통스러운 공허함을 채우지 못한다. 테드 터너Ted Turner, 글로리아 스테인헴Gloria Steinhem, 우주 항해사 버즈 엘드런Buzz Aldren은 생산하고 성취하는 데 있어서 뛰어나게 성공했지만, 이후에 **내면에서** 무언가 놓친 것이 있다는 것을 삶에서 깨달은 소수의 사람들이다. 그 무언가는 핵심 자기에 대한 진정한 애정의 느낌이다. 이 애정은 인간 성장의 토양이며 기후이다.

많은 작가들이 사람들이 자신을 사랑하지 못한다면 다른 사람들을 사랑할 수 없다고, 그리고 다른 사람에게서 오는 순수하고 성숙한 사랑조차도 자기 미움을 회복시킬 수 없다고 이야기한다. 개인적으로, 나는 그것이 과장된 말은 아닌지 궁금하다. 나는 다른 사람들에게서 오는 마음으로부터 우러나온 순수하고 성숙한 사랑이 우리의 자기-개념을 변화시킬 수 있고 변화시킨다고 생각한다. 우리가 늘 다른 사람들의 사랑에 의존할 수 없다는 것은 당연하다. 우리가 그것을 발견할 만큼 운이 좋다고 하더라도 다른 사람의 사랑만으로 자기 미움을 변화시킬 수 있다는 보장은 없다. 그래서 우리는 한 사람이 충분히 책임질 수 있는 하나의 영역, 곧 자기로 되돌아간다.

조셉 미셀로티(Joseph Michelotti 1991) 박사의 부모는 의사, 변호사, 물리학자가 된 여섯 아이들을 키운 이탈리아의 조그마한 농촌 출신의 이민자이다. 그들은 위대한 사랑으로 양육되었다. 특히 그의 어머니는 핵심 자기의 가치를 이해한 것처럼 보였다. 그녀는 자신이 가장 좋아하는 초상화를 유심히 바라보면서, 임종 때 "하느님께서 당신에게 당신의 '최고의 자기'를 주셔요. 최고의 자기는 천국에서 내 모습일거예요."라고 말했다. 그녀는 조셉에게 말했다. "너는 내게 생일 선물을 사 줄 필요가 없단다. 대신에 너 자신에 관해서 편지를 써 주렴. 나에게 네 삶에 관해서 말해 주렴. 어떤 것이 너를 걱정하게 하니? 너는 행복하니?" 고등학교 때 조셉은 연극 '뮤직 맨'The Music Man에서 오케스트라 연주하는 것을 보러 오려는 그의 부모를 못 오게 하려고 애썼다. 자신이 맡은 역할이 중요하지 않다는 이유였다. "말도 안 돼!" 어머니가 대답했다. "물론 우리는 갈 거야. 네가 프로그램에 나오기 때문에 가려는 거야." 그리고 가족 전원이 참석했다. 위대한 사랑, 격려, 그리고 인류의 진보에 대한 기대… 자존감을 세울 수 있는 훌륭한 비결. 사랑하는 사람들에게서 이러한 것들을 받지 못했다면 스스로 그것들을 제공하는 것이 좋다.

사랑에 대한 숙고

다음 장으로 넘어가기 전에 마더 데레사와 작가 헨리 윈클러Henry Winkler가 사랑에 대해 말한 것들을 숙고해 보자.

"각 사람은 사랑하고 사랑받기 위해서 태어났다."
"빵에 대한 배고픔보다 더 배고픈 것이 있다. 사랑에 대한 배고픔이다."

"위대한 사랑으로 하는 작은 것, 그것은 우리가 얼마나 많이 했느냐가 아니라
우리가 하는 것을 얼마나 많은 사랑으로 했느냐이다.
그것은 우리가 얼마나 많이 주느냐가 아니라, 우리가 주는 것을
얼마만한 사랑으로 주었느냐이다."

마더 데레사

"한 인간의 첫 번째 책임은 자기 자신과 손을 잡는 것이다."

헨리 윈클러

chapter 10

핵심 자기를 발견하고, 사랑하고, 치유하라

당신에게 사랑하는 부모가 없었다면 당신 자신에게

사랑하는 부모가 되는 법을 배워야 한다.

작자 미상

삶은 중요한 지위와 권력에 관한 것이 아니다. 삶은 사랑에 관한 것이다. 마더 데레사가 이야기한 것처럼 각 사람은 사랑하고 사랑받기 위해서 태어났다. 인지가 그 과정을 지원하지만, 진실로 치유하는 것은 지성이라기보다는 사랑이다.

이런 의미에서 사랑은 정신 건강과 자존감의 기반이기 때문에, 효과적인 스트레스 관리의 기반이 된다. 스트레스 관리는 진정으로 삶을 관리하는 것에 관한 것이다. 그것은 전형적으로 현재에 대처하는 데 도움을 주는 기술을 가르치지만, 대부분 우리가 현재를 즐길 수 있도록 과거를 치유하는 힘을 무시한다. 최근의 연구들(페네베이커Pennebaker 1997; 보커벡Borkovec, 윌킨슨Wilkinson, 폴렌스비 Folensbee, et al. 1983)은 한 사람의 과거와 현재의 걱정거리들을 글로 쓰는 것이 기분과 면역 체계를 크게 향상시킨다는 것을 보여 준다.

이러한 결과들을 설명하기 위해 발전된 다양한 이론들이 있다. 어떤 사람들은 억압된 걱정과 외상을 종이에 쓰는 것이 그것을 해소하고 방출하며, 적지 않은 안도감을 준다고 생각한다. 어떤 사람들은 이러한 염려들을 적어 봄으로써 거리, 객관성, 시각, 때로는 해결책을 얻는다고 생각한다. 개인적으로 나는 또 다른 이유가 있다고 생각한다. 느낌에 관해 쓰는 것은 수치심에 기초한 사람들(가령, 핵심에 대해 나쁘게 느끼는 사람들) 안에서 전형적으로 부인된, 그러한 느낌들을 인정하고 존중한다는 것이다. 자신의 느낌을 적는 것은 자신을 사랑하는 한 방법이다.

사랑은 우리의 내면에 있는 아이를 치유한다

우리 각자 안에는 빛… 평화의 핵심, 온전함, 기쁨, 선, 타고난 가치, 우리를 인간답게 만드는 선한 느낌/감정들이 있다. 이 핵심 존재는 때때로 비유적으로 '내면의 아이'라고 불린다. '내면의 아이'는 미발달의 아이가 필요로 하는 모든 속성을 가지고 있고, 더하여 성장하고 다듬어 지지 않은 것들을 세련되게 하려는 타고난 성향을 갖고 있다.

그러나 시간이 지남에 따라, 우리는 항상 '내면의 아이'로부터 분리되거나 그 아이를 떼어 놓으려고 한다. 우리는 이 과정을 잘 이해한다. 학대, 거부, 비난, 무시는 개인의 오류 가능성과 선택들과 상호 작용한다. 그것은 사람들을 자신이 한 개인으로서 결함과 결점들이 있다고 단정하게 만든다. 그들은 자신이 실수**한다**는 것을 믿지 않는다. 대신에 그들은 실수가 **아니라**, 핵심에서 나쁘다고 믿는다. 따라서 핵심 '내면의 아이'는 감추어지거나, 거부되거나, 부인되거나, 분리되거나, 관계가 끊어지게 된다. 이것이 상당한 스트레스와 관련된 역기능에 공통으로 나타나는 자기 미움과 수치심에 기초한 행동들의 뿌리가 된다.

그러나 진실은 '내면의 아이'(학대당하고 감추어지고 분리되더라도)가 전혀 손상되지 않고 생존한다는 것이다. "당신은 한때 아이였고, 당신은 여전히 아이이다."(리먼과 칼슨Leman and Carlson 1989). 우리의 목표는 치유, 통합, 온전함, 내면의 빛의 핵심과 현재의 의식을 재결합하는 것이다. 아주 단순하게, 치유하는 약은 사랑이다. 도움을 주는 전문가는 그것을 사랑이라고 부르지 않을 수도 있지만, 그것은 사랑이다. 사랑은 치유하고 성장의 기반을 제공한다. 성인이 논리적으로 움직이고 있다고 하더라도, 핵심 '내면의 아이'는 사랑에 굶주리고 그 배고픔이 접촉될 때까지 계속 외친다.

성인들은 이 과정을 잘 이해한다. 내가 운영하는 스트레스 수업 중 하나에서 우리는 그들이 스트레스와 관련될 때 양육하는 스타일을 논의한다. 나는 학생 중에 누구에게 완벽한 부모가 있었는지 물어본다. 조금 웃은 뒤에, 나는 상당히 완벽에 가까운 부모가 있는 사람이 있는지 묻는다. 응답한 사람들 가운데, 자신들이 어떻게든 느낌들을 표현하고 존중받았다는 것, 시간과 애정이 어떻게 자유롭게 주어졌는지 이야기하면서 얼굴에 기쁜 표정을 짓는다. 전형적으로 이러한 학생들은 학교에서와 삶에서 잘 살고 있고, 동시에 신경질적으로 충동이 드는 사람들이 아니다. 대조적으로 사랑의 욕구가 아직 충족되지 않은 사람들은 불안정, 기쁨이 없는 노력, 사회적 빈곤, 분노, 지위 걱정을 경험할 가능성이 더 크다.

교정적 경험들이 초기 상처들을 회복시킨다

질문, 성장 과정에서 사랑을 충분히 받지 못했다면 그러한 성인은 '혼 안에 있는 구멍'을 치유할 수 있는가? 대답은 '그렇다'이다. 알코올 중독자와 역기능 가정 조사 보고서에서 한 가지 접근법이 나온다. 이 접근법은 심상을 이용하는데, 그것은 이성과 결부된 정서를 강조한다. 많은 사람들이 불완전한 과거를 갖고 있기 때문에, 교정적 경험들은 우리가 앞으로 나아갈 수 있도록 과거를 해결해 준다(알렉산더Alexander 1932). 다음에 두 가지 교정적 경험들에 대한 지침들이 나오는데, 존 브래드쇼(John Bradshaw 1988)와 팜 레빈(Pam Levin 1988)의 연구들에서 개작했다.

교정 경험 1: 핵심 자기를 발견하고 사랑하라

이 다섯 단계 훈련은 자신 안의 핵심 자기, '내면의 아이'를 발견하고 사랑하기 위함이다.

1. 우선 자신이 가장 소중히 여기는 친구나 가족 구성원, 사랑하는 사람들, 함께 있을 때 기분이 좋은/좋았던 사람들, 자신이 따뜻하고 안전하게 받아들여지고 사랑받고 있다는 느낌이 드는 사람들의 이름을 적는다. 먼저 부모를 확인하고, 그다음 개인들(친구, 동료, 선생님을 포함한)을 확인한다.
2. 약 15분 정도 방해받지 않을, 조용하고 편안하게 앉아 있을 장소를 찾는다.
3. 두세 번 심호흡을 하고, 숨을 내쉬면서 "긴장을 푼다."고 말한다.

4. 사랑하는 사람들에게 둘러싸인 갓난아기 때를 떠올려 본다. 그 사람들은 자신이 알던 사랑하는 사람들이거나 두 명의 따뜻하고 사랑하는 어른 남녀일 수 있다. 자신의 부모를 이상적인 존재로 생각하고 싶다면 부모를 떠올릴 수도 있다. 아마도 자신이 알고 있고 사랑했던, 자신을 가치 있는 사람으로 느끼게 해 준 사람들이 합해진 모습을 상상할 것이다.

5. 갓난아기 시절에는 다음과 같은 말을 들어야 한다. 남자와 여자의 목소리로 다음에 나오는 말들을 번갈아 이야기하는 것을 듣는다고 상상해 보자.

- 우리는 네가 여기에 있는 것이 너무 기쁘단다.
- 세상에 온 것을 환영한다.
- 우리 가족과 가정에 온 것을 환영한다.
- 네가 남자아이여서(혹은 여자아이여서) 무척 기쁘단다.
- 너는 너무 예쁘구나.
- 우리 아이들 모두 예쁘구나.
- 우리는 네 가까이에서 너를 껴안고 사랑하고 싶단다.
- 너는 가끔 기뻐하고 웃겠지. 때로는 슬픔과 고통을 느끼고 화도 내고 걱정도 하겠지. 그런 느낌들 모두 괜찮단다.
- 우리는 너를 위해 여기에 있을 거야.
- 우리는 너의 욕구를 충족시키기 위해 필요한 모든 시간을 제공할 거야.
- 방황하고 분리하고 탐구하고 시험하는 것은 괜찮아.
- 우리는 너를 떠나지 않을 거야.

이러한 느낌들에 당신이 반응할 때 당신을 요람에 누여 흔들어 재우고, 사랑해 주고, 사랑의 눈으로 부드럽게 응시하며 이러한 말들을 건네는 사람들을 떠올려 본다. 다음 교정적 경험을 계속하기 전에 연이어서 이틀 동안 이 심상을 훈련하라.

교정 경험 2: 자신의 잃어버린 내면의 아이 껴안기

다시, 최소한 15분 동안 방해받지 않고 숙고할 수 있는 장소를 찾는다. 긴장을 풀고 2~3분 동안 호흡에 집중한다. 호흡에 마음을 모으고, 숨을 들이쉬고 내쉴 때마다 공기를 의식한다. 들숨과 날숨의 공기의 차이점에 초점을 맞춘다. 들이쉬고 내쉴 때의 변화에 집중한다. 이제 남성 또는 여성 대명사를 이용하여, 다음을 상상한다.

당신은 한 줄로 길게 이어진 계단을 내려가고 있다. 계단을 천천히 내려가면서 10에서 1까지 거꾸로 센다. 층계 밑에 도착하면 왼쪽으로 돌아서 오른쪽에 있는 문들과 왼쪽에 있는 문들이 있는 긴 복도로 내려간다. 각각의 문은 색이 칠해진 상징을 갖고 있다. 당신이 복도 끝을 바라볼 때 강력한 빛이 비추고 있다. 빛을 통과해 걷는데, 당신이 일곱 살 전에 살던 거리로 시간 여행을 한다. 당신이 살던 집 쪽으로 난 길을 걸어간다. 집을 바라본다. 지붕, 집의 색, 창문과 문 등을 주의 깊게 살펴본다. 현관문에서 나오는 작은 아이를 본다. 아이가 어떤 옷을 입고 있는가? 아이의 신발은 무슨 색깔인가?

아이에게 다가간다. 아이에게 당신이 아이의 미래라고 말한다. 아이가 겪은 일을 누구보다도 당신이 더 잘 알고 있다고 말한다. 아이의 고통과 거부, 수치심을 말한다. 아이에게 아이가 앞으로 알게 될 모든 사람들 가운데, 당신이 아이가 결코 잃어버리지 않을 유일한 사람이라고 말한다. 지금 아이에게 기꺼이 당신과 함께 집으로 갈 것인지 물어본다. 그렇지 않다면 아이에게 당신이 내일 방문할 거라고 말한다. 아이가 기꺼이 당신과 함께 간다면 아이의 손을 잡고 떠나가기 시작한다. 자그마한 손에서 전해 오는, 그리고 작은 아이와 함께하는 데에서 오는 따뜻함과 기쁨을 느낀다. 당신이 떠나가면서 어머니와 아버지가 현관에 나와 있는 것을 본다. 그들에게 작별 인사를 하며 손을 흔든다. 당신이 계속 떠나가면서 어깨 너머로 부모의 모습이 완전히 사라질 때까지 점점 더 작아지는 것을 본다.

골목을 돌아서 당신의 '더 높은 힘'과 당신이 가장 소중히 여기는 친구들이 당신을 기다리고 있는 것을 보라. 당신 친구들 모두를 껴안고 당신의 '더 높은 힘'이 당신의 가슴으로 들어오도록 한다. 그들 모두가 아이를 기쁘게 껴안는 모습을 본다. 당신의 아이를 껴안고 아이가 따스하게 당신을 감싸는 것을 느껴 보자. 당신의 손으로 아이를 잡고 당신의 손 크기로 오그라들게 하라. 또는 아이를 껴안고 아이가 당신 안으로 빨려 들어오는 것을 느끼고, 아이의 모든 기쁨, 희망, 잠재력으로 당신을 채운다. 아이에게 당신이 항상 데리고 다니기 위해서 당신의 마음에 아이를 담아 두고 있다고 말해 준다. 아이에게 당신이 매일 5분씩 아이를 만날 거라고 약속한다. 정확한 시간에 만난다. 그 시간에 헌신한다.

다음으로, 당신이 어떤 아름다운 야외 장소로 걸어가는 것을 그려 본다. 그 장소의 한가운데 서서 방금 막 했던 경험을 되새겨 본다. 자신 안에서 '더 높은 힘', 그리고 모든 것들과 교감한다. 지금 하늘을 올려다본다. 숫자 5 모양의 자줏빛 흰 구름을 보라. 숫자 5가 숫자 4가 되는 것을 보고, 자신의 발과 다리를 의식한다. 숫자 4가 3이 되는 것을 보고, 자신의 위장 안에 있는, 팔 안에 있는 생명을 느낀다. 3이 2가 되는 것을 보고, 당신의 손, 얼굴, 몸 전체 안에 있는 생명을 느껴본다. 자신이 막 완전히 깨어나고 있다는(완전히 깨어 있는 정신으로 모든 것을 할 수 있다는) 것을 알아라. 2가 1이 되는 것을 보고 충분히 의식하고, 이 경험을 기억한다.

할 수 있다면 어렸을 때 사진을 가지고 내면에 살아 있는 아이를 회상한다. 이 심상을 이틀 연속해서 훈련한다.

나는 종종 학생들에게 어렸을 때의 자신의 사진을 찾아서 수업에 갖고 오라고 하는데, 그들은 대개 아주 기쁘게 그렇게 한다. 특히, 나는 한 학생을 기억하는데, 그는 내가 한때 이해하기도 좋아하기도 힘들던 학생이다. 그는 말이 없고 내성적이었으며, 말을 들을 때는 고개를 숙이곤 했다. 그런데 그가 사진 한 장을 가지고 왔다. 그는 이민자인 부모 옆에 아이로 서 있었다. 그는 작고 민감한 아이만이 가질 수 있는 순수하고 천진한 모습이었다. 그 시간 이후로 나는 그 학생에게 큰 애정을 느꼈고 그를 다른 눈으로, 그의 내면의 자아를 이해하는 눈으로 보았다. 진정한 호감이 가는 자아는 대개 핵심을 덮기 전에, 항상 아이 안에서 드러난다. 핵심을 보는 것은 각 사람이 기적이라는 것을 상기하는 것이다.

chapter 11

사랑의 언어

지속되는 사랑의 관계들은 감사, 좋아함, 존중, 수용이 특징이다. 건강한 관계 안에는 "너는 내가 오래전에 네가 완벽하지 않고, 내 기대와 다르다는 것을 알고 있다는 것을 알아. 나는 네가 선호하는 것들과 너의 별난 부분들에 관해서 웃을 수 있지만, 농담 속에는 진짜 좋아하는 것이 있다는 것을 너는 알아. 그리고 나는 절대 경멸하거나 조롱하는 말투로 이야기하지 않을 거야."라는 식으로 말로 표현하지 않은 생각들이 있는 것 같다. 역설적으로 그들이 하고자 한다면 이러한 존중 분위기는 사람들을 변화시키고 성장하게 한다. 마찬가지로 자신에 대한 친절한 태도 또한 성장을 촉진하고 유지한다.

  우리는 부정적인 내면의 대화가 얼마나 성장과 삶의 즐거움을 파괴할 수 있는지 보아 왔다. 다음 기술들은 자신을 현실적으로 **그리고** 호의적으로 생각하게 결심하도록 독려한다.

호의적인 묘사 (설명)

당신은 자신이 유능하다고 생각하는가? 이 질문이 다음과 같은 생각을 불러일으키는가? "글쎄, 유능하다는 것은 완벽하게 유능하다는 의미이다. 나는 확실히 완벽하게 유능하지는 않다. 그렇다면 내가 무능하다는 말이 되는 건가?"
  이 흑백 논리의 예는 많은 사람이 자신에 대해 좋게 생각하는 것이 왜 어려운지를 설명해 준다. 도표를 만들어 보면, 사고 과정은 다음과 같다.

여기서 유능은 **완벽한 유능**을 제시한 반면, 무능은 **아무 능력도 없다는 것**(전혀 적합하지 않은 사람)을 의미한다. 이러한 사고 배열에 의해 어떤 사람이 10이 아니라고 한다면 그는 분명 0임에 틀림없다. 5장에서 우리는 자기self에 등급을 매기지 않고 행동에 등급을 매기는 방식을 제시했다. 여기서 우리는 정확하고 호의적인 자기에 대해 생각하는 또 다른 방법을 제시한다. 이는 다음과 같다.

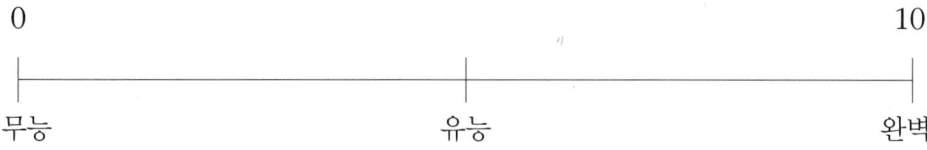

이 사고 방식은 중간 입장을 정확하게 인정한다. 물론, 그 누구도 완전하고 결점이 없는 것을 뜻하는 완벽한 사람은 없다. 그러나 각 사람은 상대적인 의미(때때로 그리고 독특한 방식으로 유능하고, 어떤 불완전한 발달 단계에서 유능함을 지닌)에서 유능하다. 이 기준에 의해 각 사람은 유능하다고 생각할 수 있다.

다음 연속체의 왼쪽 끝에는 부정적인 꼬리표의 목록들이 있다. 정반대 지점에는 완벽함이 있다. 중간에는 사람들의 더 사려 깊은, 더 정확한 묘사들이 있다.

실패자는 기여하지도 배우지도 못한 패배한 사람이다. 살아 있는 누구라도 여전히 배우고 기여할 수 있기 때문에, 그 누구도 자신이 실패자라고 결론을 내릴 필요가 없다. **성공한** 사람이 어느 수준에서 배우고, 노력하고, 기여하는 사람이라면 모든 사람이 자신을 성공한 사람으로 생각하는 것은 현실에 맞는 것이다. 그것은 자기만족을 위한 주장이 아니다. 사람들은 완벽을 요구하지 않으면서, 여전히 최상을 목표로 하면서 최선을 다할 수 있다.

훈련으로, 다음 목록에 몇 가지 부가적인 꼬리표들을 더해 보자. 왼쪽에 있는 말보다 더 사려 깊고 더 정확한 묘사를 가운데에 적어라.

```
0                                              10
├──────────────────────┼──────────────────────┤
                                               완벽
```

명청이   _____
영점   _____
전혀 도움이 안 되는   _____
호감이 가지 않는   _____

_____   _____

_____   _____

_____   _____

표현 방법 바꾸기

다음은 몇 가지 품위 없는 자기-대화와 우리가 다른 사람들에게 하는 말이다. 이러한 말들은 품위와 평판을 떨어뜨린다. 자신이 이러한 말을 생각하거나 하고 있다는 것을 알아차리는 즉시 자기 자신에게 '그만'이라고 말하고 표현 방법을 바꾸는 것이 현명하다. **표현 방법 바꾸기**는 단순히 자기 자신에 관해서 공손하게 생각하고 말하는 것(성장을 북돋고 자존감을 형성하는 식으로)을 의미한다. 표현 방법을 바꿀 때 일어나는 자신의 감정 변화에 주의를 기울여라.

품위 없는 자기-대화	그만! 표현 방법 바꾸기
나는 _____에 불과하다. (교사, 간호사 등)	나는 _____이다(교사, 간호사 등). 나는 정직하고, 열심히 일하는 _____이다. 나는 _____이 된 것에 만족해. 나는 발전할 것이다.
나는 결코 성공하지 못할 것이다.	성공은 열심히 노력하고 바라던 방향으로 움직이는 것이다.
내가 _____를 했어야 했는데. 나는 나에 대해 그것이 마음에 안 든다!	다음번에 나는 _____할 것이다. 정말 흥미롭고 기발해! 나는 그것을 계속할 것이다! 내가 향상될 때 나 자신이 더 좋아진다.
나는 아마도 그것에 실패할 것이다.	나는 시도하는 것이 두렵지 않다. 나의 가치가 내면에서 오기 때문이지.
나는 뚱뚱하다.	나는 과체중이다. 나는 체중을 줄이려고 애쓰고 있다.

품위 없는 자기-감시: 훈련

다음 이틀 동안 자신이 자기-품위를 떨어뜨리는 말을 하고 있는지 알아보고, 그것들을 용기를 북돋는 말로 대체하라. 어느 날 수업하러 가면서 나는 피크

닉 테이블에 앉아 이 과제를 하면서 깊은 생각에 잠겨 있는 한 대학원생을 보았다. 나는 그녀 뒤로 조용히 걸어가서 그녀의 지갑을 '잡아챘다.' 자리를 뜨면서 나는 그녀가 들으라고 큰 소리로 말했다. "젊은이! 너무 쉬워. 이 지갑 속에 많은 돈이 있기를 바라네." 그녀는 웃었고 얼굴이 빨개졌다. 그녀는 "나는 정신이 없어… 나는 참 멍때리기를 잘해."라고 생각할 수 있었을 것이다. 나중에 그녀는 나에게 자신이 쓴 것을 보여 주었다. 그 내용은 이러했다. "나는 지갑 날치기와 같은 집중을 방해하는 것에도 불구하고 집중을 잘해요." 사랑이 깃든 태도는 진실로 우리가 매일하는 결정이다. 우리가 사랑이 깃든 태도를 취할 때, 결국에는 바라던 느낌이 따라온다.

품위 없는 자기-대화	격려하는 의견/사고들
첫째 날 1. 2.	
둘째 날 1. 2.	

chapter 12

다른 사람들의 좋은 의견

우리는 차분하면서도 정직하게 자신에게 있는 강점들의 목록을
만들 수 있는데, 그 이전에 이와 관련하여 대부분 우리는 정직하지 않은
장부 기재자들이기 때문에 확실한 '외부 감사'를 필요로 한다.

닐 맥스웰Neal A. Maxwell

이 시점에서 다른 사람들의 사랑과 인정에 관한 두 가지 요점을 요약하는 것은 적절하고 유용할 수 있다.

1. 다른 사람들의 사랑과 인정은 자존감과 같은 것이 아니다. 다른 경우라면 그것은 자존감이 아니라, **다른-존중**이라고 불릴 수 있다.
2. 그러나 다른 사람들의 사랑과 인정은 자존감 증진에 도움을 줄 수 있다.

당신의 동의가 없는 비판이 자존감을 손상시키지 못하는 것처럼, 당신의

동의가 없는 사랑과 인정은 자존감을 형성하지 못할 것이다. 이것은 귀중한 친밀감의 가치를 떨어뜨리지 않는다. 단지 자존감이 그렇다는 것을 이야기할 뿐이다. **자존감은 바로 그렇다.** 어떤 사람이 당신을 사랑하고 당신을 중요한 인물로 **느끼도록** 도움을 준다면 그것은 당신이 감사할 수 있는 훌륭한 선물이다. 그러나 당신은 친밀감이 없더라도 여전히 자존감을 가질 수 있다. 예를 들어, 혼자 살고 있는 과부가 자존감이 높을 수 있다.

스스로에게 질문해 보라. "나는 나 자신에 대해 무엇을 좋아하는가?" 내가 감사하는 것은 어떤 특징, 속성, 기술, 기여 등인가? 많은 사람들, 특히 자존감이 거의 없는 사람들과 훈련을 하지 않는 사람들은 이러한 질문들에 답하는 것이 어렵다는 것을 알게 될 것이다.

다음 장에서 당신의 강점들의 정직한 목록을 만들 것이다. 다음 훈련은 이 과정을 도와줄 것이고 예행연습의 역할을 할 것이다. 훈련은 다음과 같이 한다. (1) 당신을 알고 있고 서로 상당히 잘 아는 사람들의 작은 그룹을 구성할 수 있다. 그리고 (2) 그룹 구성원들은 아주 즐거운 경험에 대한 답례로, 서로에 대한 자신들이 좋아하는 인상을 익명으로 기꺼이 나눌 것이다. 이 훈련은 그룹의 참여 숫자에 따라, 약 한 시간 정도 걸릴 것이다.

상이한 선물들: 훈련, 다른 선물들의 순환

다른 사람들에게서 받는 인정과 긍정의 말들은 자존감과 같은 것이 아니다. 그러나 다른 사람들의 좋은 평을 받아들이고 그것을 시험하는 것은 우리가 진실에 눈뜨도록 도움을 줄 수 있다. 이것은 한 사람의 선물들을 알아내는, 자신에 대한 현실적이고 진가를 인정하는 시각을 강화하는 것을 도울 수 있다.

1. 둥그렇게 앉는다. 6~10명이 이상적이지만, 몇 명이라도 작업할 수 있다. 각자 종이와 연필 또는 펜을 준비한다.
2. 각자 종이 위에 크고 정확하게 자신의 이름을 쓴다.
3. '건네 줌'이라는 신호에 따라 그 종이를 자기 오른쪽 사람에게 건넨다.
4. 종이를 받은 사람은 종이에 이름이 적힌 사람의 진가를 인정하는 세 가지를 쓴다. 적을 사항은 특징, 강점, 속성, 기여 등을 포함할 수 있다. 예를 들어, '나는 당신의 미소를 좋아해요.' '나는 당신이 나에게 자연의 아름다움에 감사하고 관심을 갖게 해 준 점을 좋아해요.' '나는 당신이 감사를 표현하는 방식이 아주 좋다고 생각해요.' '당신은 나를 …하는 기분이 들게 해요.' 등이다. 적을 때 특정 소견을 누가 썼는지 알지 못하도록 자신의 소견을 종이 여기저기에 적는다.
5. 모든 사람이 세 가지 평가 항목들을 완성하면 '준비, 건네 줌'이라는 신호에 맞춰 자기 오른쪽 사람에게 종이를 건넨다. 종이를 받은 다음 4단계를 반복한다.
6. 각 사람의 종이가 자기 왼쪽 사람에게 다다를 때까지(왼쪽에 있는 사람이 완성할 때까지) 종이 건네기를 계속한다.
7. 이 시점에서 각자 자기 오른쪽 사람에 관해 사람들이 쓴 소견을 읽는다. 이야기를 듣는 사람으로서 당신은 다음과 같이 하라.
   - 긴장을 푼다.
   - 듣고, 즐기고, 각 진술을 충분히 이해하라.
   - 당신에 관한 그들의 소견에 관하여 좋은 판단을 한 사람들의 공로를

인정하라.

- 품위를 떨어뜨리는 자기-대화로 칭찬들의 가치를 떨어뜨리지 마라(예 – '그래, 그러나 만약 그들이 안다면' '그들은 단지 의례적으로 그러는 거야.' '내가 분명 감언이설로 그들을 속인 거야.') 이러한 생각이 떠오르면 "그만, 여기서 일어나고 있는 것은 건강한 거야. 이러한 소견들에는 어느 정도 또는 많은 진실들이 있을 거야."라고 생각하라.

'상이한 선물'은 모든 연령대의 사람들을 위한 훌륭한 훈련이며, 가족들을 위한 훌륭한 활동이다. 종종 다음과 같은 평을 들을 것이다. "사람들이 그런 것들을 생각하고 있는지 전혀 알지 못했다." 그룹원들 사이에 좋은 느낌들이 늘어난다. 사람들 각자 자신의 종이를 간직하고 있다가 기분이 좋아지고 싶거나 강점들을 회상할 필요가 있을 때 그것들을 즐겨 꺼내 본다.

chapter 13
긍정적인 특성들을 인정하고 수용하라

자존감은 우리의 자기에 관해 현재 '옳다'는 것을 확실히 인정함으로써 발달할 수 있다. 많은 사람들이 부정적인 사고의 습관들로 인해 잘못된 것을 되씹기 때문에 자존감을 발달시키는 것이 어렵다. 결점과 약점을 인정하는 데 시간이 걸리고 이익도 얻을 수 있지만, 그것이 주된 초점이 될 때(강점들을 배제하고) 자존감은 고통을 받는다.

이번 훈련은 진가를 인정하는 것과 더불어 강점들을 인정하고 강화하는 것이다. 이것은 자기 자신을 사랑하는 한 방법이다. 이 기술은 캐나다의 고티에와 펠르렝, 리노(Gauthier, Pellerin, Renaud 1983)의 연구에 기초한 것인데, 그 방법은 단 몇 주 만에 대상자들의 자존감을 향상시켰다.

예행연습을 위해서 가끔 그렇거나 상당히 그렇게 해 온 것을 체크한다.

____ 청결한
____ 능숙한
____ 박식한(지금까지 이 책을 읽었다면 여기에 체크하라)
____ 정확한
____ 자신만만한, 자신감이 있는
____ 열심인, 활발한
____ 낙천적인
____ 유머가 있는, 명랑한, 재미있는
____ 친밀한
____ 온화한
____ 충실한, 헌신하는
____ 신뢰할 수 있는
____ 믿을 만한, 다른 사람 안의 최상을 보는
____ 사랑스러운
____ 강한, 힘 있는, 원기 왕성한
____ 단호한, 의지가 굳은, 굳건한
____ 인내심이 있는
____ 합리적인, 이성적인, 논리적인
____ 직관적인, 자기 본능을 신뢰하는
____ 창의적인, 상상력이 풍부한
____ 자비로운, 친절한 또는 배려하는

____ 안목이 있는
____ 공손한 또는 예의 바른
____ 아름다움이나 자연에 민감한
____ 신조가 있는, 윤리적인
____ 근면한
____ 책임감이 있는, 신뢰할 수 있는
____ 정리된, 질서 정연한, 깔끔한
____ 나눌 수 있는
____ 용기 있는, 칭찬하는
____ 매력적인
____ 차림새가 단정한
____ 신체적으로 건강한
____ 지성적인, 지각이 있는
____ 협조적인
____ 용서할 수 있는, 실수나 결점 너머를 볼 수 있는
____ 융화적인
____ 평온한, 평화로운
____ 성공적인
____ 열린 마음
____ 재치 있는
____ 자발적인
____ 유연한 또는 적응력이 있는

___ 규율이 바른   ___ 힘이 넘치는
___ 설득력이 있는   ___ 표현력이 있는
___ 달란트가 있는   ___ 정서적인
___ 분위기를 띄우는   ___ 은혜로운, 존엄한
___ 민감한 또는 사려 깊은 ___ 모험심이 있는
___ 너그러운

다음 중 자신이 때때로 상당히 잘하고 있는 것을 묘사한 말에 체크하라.

___ 사교적인 사람   ___ 의사 결정자   ___ 편지 작성자
___ 청자   ___ 상담자   ___ 사상가
___ 요리가   ___ 도움을 주는 사람 ___ 의뢰인
___ 운동선수   ___ '응원 단장', 지지자 ___ 본보기가 되는 사람
___ 청소부   ___ 계획자(입안자)   ___ 동료, 짝
___ 노동자   ___ 추종자   ___ 비평 수용자
___ 친구   ___ 실수 교정자   ___ 위험을 감수하는 사람
___ 음악가나 가수   ___ 미소 짓는 사람   ___ 취미를 즐기는 사람
___ 배우는 사람   ___ 토론가   ___ 재무 관리자
___ 지도자나 코치   ___ 중재자   ___ 가족 구성원
___ 조직가   ___ 이야기 꾼

이 항목들을 체크하는 데 완벽함이 요구되지는 않는다. 누구도 이 가운데 어떤 것도 항상 완벽하게 하지 못하기 때문이다. 그러나 자신이 이 가운데 몇 가지를 체크하고 아주 복잡한 세상에서 사리에 맞는 온전한 정신을 유지한다면 스스로를 칭찬하라. 기억하라. 이것은 단지 예행연습이다. 다음 훈련은 자존감을 형성하는 데 아주 효과적이라는 것이 입증되었다.

인지 리허설: 훈련

1. 의미 있고 현실적인/진실된 자신에 관한 10가지 긍정적 진술의 목록을 발전시켜라. 앞의 목록에 있는 진술을 발전시킬 수 있다. 아니면 자신만의 진술들을 만들 수도 있다. 또는 둘 다 할 수 있다. 예를 들면 다음과 같다. '나는 나의 가족(또는 팀, 클럽 등)에 충실한 책임감 있는 구성원이다.' '나는 깔끔하고 예의 등이 바르다.' '나는 주의 깊은 청자이다.' 자신이 잘 수행하는 역할에 대해 언급할 때 특정한 개인적 특성들을 덧붙이고 그 이유를 설명한다. 예를 들어, 훌륭한 풋볼 선수라고 말하는 대신에, 상황을 빨리 포착하고 과단성 있게 반응한다고 덧붙일 수 있다. 역할은 변할 수 있지만(가령, 부상을 당하거나 나이가 들어서), 성격과 인격적 특징들은 많은 다른 역할들을 뛰어넘어 표현될 수 있다.
2. 다음에 제공된 빈칸에 긍정적인 진술 열 가지를 적는다.
3. 긴장을 풀고 15~20분 정도 방해받지 않을 수 있는 장소를 찾는다. 1~2분 동안 진술 하나와 그것이 정확하다는 증거들을 숙고한다. 각각의 진술마다 같은 방식으로 한다.

4. 10일 동안 매일 이 훈련을 반복한다. 매일 제공된 빈칸에 부가적인 진술들을 덧붙인다.

5. 매일 몇 번씩 목록에 있는 한 항목에 대해 약 2분 정도 생각해 보고 그것이 정확하다는 증거를 깊이 숙고한다.

10가지 긍정적인 진술들

1.
2.
3.
4.
5.
6.
7.
8.
9.
10.

부가적인 진술들

1.
2.
3.
4.
5.

6.

7.

8.

9.

10.

원한다면 색인 카드에 그 진술들을 적어서 가지고 다닐 수 있다. 어떤 사람들은 낮 동안에 그 카드를 보는 것이 더 편하다는 것을 알고 있다.

이 기술을 실행한 후에 자신이 어떻게 느끼는지 주목한다. 이는 감사하는 사고와 느낌으로 대체함으로써 '나는 전혀 훌륭하지 않다.'와 같은 전부 아니면 아무것도 아니라는 왜곡에 저항한다. 특히 많은 학생들이 이 훈련을 즐긴다. 몇 년에 걸쳐 그들이 했던 말은 다음과 같다.

- 이봐요! 어찌 되었든지 나는 그렇게 나쁘지 않아요.
- 나는 연습을 하면서 점점 좋아지고 있어요. 처음에는 진술들을 믿지 않았어요. 하지만 그 후에 학교에 가는 길에 웃고 있는 나를 발견했어요.
- 나는 그것들에 대해 **행동할 마음**이 생겨요.
- 나는 평온하고 차분함을 느꼈어요.
- 내가 스스로 인정하는 것보다 더 많은 좋은 점들을 갖고 있다는 것을 알게 되었어요.

chapter 14

몸에 대해 감사하는 마음을 길러라

몸은 외적인 것이다. 그것은 핵심이 아니다. 우리의 몸은 우리의 가치와 같지 않다. 그러나 우리가 몸을 경험하는 방식이 흔히 우리가 자신의 핵심 자기를 경험하는 방식과 비슷하다는 점에서 몸은 핵심에 비유된다.

 예를 들어, 몸은 우리가 사랑을 받아들이고 경험할 수 있는 한 방식이다. 진정으로 마음이 가는 누군가에게 받는 포옹이나 부드러운 접촉에 대한 느낌을 떠올려 보라. 몸이 감지하는 느낌은 내면의 핵심에 의해서도 지각된다. 거울 속 자신의 몸을 감사하는 마음으로 바라본다면 비슷한 방식으로 더 쉽게 핵심을 경험할 수 있다. 몸을 존중하며 돌보는 태도는 (지각할 수 있는 건강한 훈련에 반영된) 핵심 자기를 향한 우리의 느낌에 긍정적으로 영향을 미치기 쉽다.

 반대로, 학대나 조롱으로 몸은 수치를 당할 수 있고 종종 더 나아가 핵심 가치도 그럴 수 있다. 우리가 '내 몸에 결점이나 주름이 없다면 또는 뚱뚱하지 않다면 몸에 감사할 텐데.'라고 생각한다면 우리는 또한 핵심 자기를 사랑하는 데 엄격한 조건들을 둘 가능성이 크다. 자신의 신체적 불완전함에 엄격하다면 마찬가지로 핵심 자기에게 무례를 범할 가능성도 클 것이다.

그러나 우리가 아무리 부정적으로 몸을 보게 된다 하더라도 또는 몸이 아무리 부정적으로 다루어진다 하더라도 내면의 핵심은 여전히 손상되지 않고 치유하고, 새로운 활력을 주고, 회복시켜 주는 사랑에 반응한다. 자기 몸에 대해 감사하는 마음을 기를 때 핵심 자기를 더 진심으로 경험하기가 쉬워진다. 현재 몸 상태가 어떻든 상관없이 이 훈련은 건강 증진에 바람직한, 몸에 대해 감사의 마음을 연마하는 데 도움을 줄 것이다. 세상에 어떤 사람이 자신의 몸에 관해 외설스럽고 비판적인 메시지들을 전하더라도 사람은 누구나 몸을 긍정적으로 경험하는 법을 배우거나 다시 배울 수 있다.

몸의 장엄함

심장외과 의사로 뛰어난 경력의 소유자인 러셀 넬슨(Russell M. Nelson, M.D., 1988)은 다음과 같이 제시했다. 장엄한 장면들을 생각해 보라. 장대한 산, 푸른 초원을 가로지르며 우아하게 질주하는 힘이 넘치는 말, 마천루 등을 들 수 있다. 이제 잠시 어떤 불완전한 것들을 접어 두고, 거울을 통해 보이는 자신의 참으로 아름다운 몸을 생각해 보라. 'Magnificent'라는 말은 두 개의 라틴어에서 왔다. Magni는 'great'(위대한)을 의미하고, facere는 'to make'(만들어진)을 의미한다. 따라서 참으로 아름답게 또는 위대하게 만들어졌다는 것이 인간 몸에 잘 적용된다. 보물 상자인 몸 안에 있는 수많은 경이로운 것들의 진가를 인정하는 것으로 시작해 보자.

수태에서 성숙까지

수태 시 정자와 난자의 결합은 오직 일부분만 그 방식이 밝혀졌다. 이 결합을 통해 독특하고 비할 데 없는, 물려받은 유전적 암호(한 사람의 조상들의 총체)에 따라 수없이 증식하게 될 단 하나의 세포가 형성된다. 이 세포들은 60억 DNA 층으로 이루어진 유전적 암호에 따라 증식한다. 이 유전적 암호는 성인 몸 길이로 늘어날 수 있지만, 각 세포의 핵 안에 오직 1/2500인치의 길이로 감겨 있다. 수태 직후, 세포들은 생명에 필요한 5만 개 이상의 단백질을 생산한다. 각 세포가 몸에 적합한 똑같은 유전적 청사진을 갖고 있고 몸 안에 어떤 일련의 세포로 변할 수 있다 하더라도, 세포들은 어떤 유전자들을 활성화하고 억제하는 것에 의해 분화한다. 따라서 어떤 세포들은 눈의 세포가 되고, 어떤 세포들은 심장 세포가 되고, 또 다른 세포들은 적절한 때에 고유의 장소에 필요한 혈관이나 신경 조직이 된다. 전 생애에 걸쳐 몸의 세포는 단백질 5톤을 제조한다. 매일 성인의 몸은 3천억 개의 세포를 생산하는데, 이는 몸 전체의 75조 세포를 유지하기 위해서이다. 끝에서 끝까지 놓으면 몸의 세포는 118만 마일(1,899,025km)로 뻗을 것이다.

순환계

심장은 모든 세포에 생명을 제공한다. 겨우 11온스(약 300g)인, 이 기가 막히게 근사한 근육은 쉬지 않고 매일 3천 갤런의 피를 펌프질하며, 일생에 걸쳐 25억 번 뛴다(이는 다른 근육들이라면 몇 분 안에 지칠 수 있는 속도이다). 심장에는 실제로 펌프 모양의 기관 두 개가 나란히 있다. 하나는 몸의 혈관 7만 5천 마일

(120,700km)을 순환시키기에 충분할 정도로 강하게 피를 나아가게 한다. 다른 하나는 피를 아주 부드럽게 폐에 보내 거기에 있는 섬세한 공기 주머니가 손상을 입지 않게 한다. 분리될 때 심장 세포들은 다른 리듬으로 뛴다. 그러나 그 둘은 함께 심포니 오케스트라의 절묘한 조화와 동시성을 이루며 뛴다. 과학 기술로는 심장의 내구력을 복제할 수 없다. 대동맥과 충돌하게 되는 혈액의 힘은 견고한 금속 파이프를 빠른 속도로 손상시킨다. 반면, 심장 조직의 얇은 판막들은 그 어떤 사람이 만든 재료들보다 튼튼하다.

놀라운 골격 체계

몸 안에 있는 뼈 206개는 같은 무게일 때의 두꺼운 강철이나 철근 콘크리트보다 강하다. 이렇게 우리 몸의 뼈는 사람이 만든 물질과 달리, 무게를 든 상태에서 더 조밀하고 더 강해진다. 끊임없이 윤활유 역할을 하는 68개의 이음새들은 믿어지지 않는 지속적인 운동을 하게 한다. 예를 들어, 400개의 근육과 1천 개의 인대가 지탱하는 33개의 척추뼈로 인해 머리와 몸은 무한히 다양한 자세를 취할 수 있다. 또한 손의 어마어마한 능력(힘을 다해 회전 뚜껑을 돌리거나 정교하게 파편을 제거하는 등)을 생각해 보자. 내구력, 정밀함, 복잡성 때문에 과학은 엄지손가락을 복제할 수 없는데, 그 손가락의 회전력은 뇌로부터 수천 가지의 메시지를 요구한다. 손은 생애에 걸쳐 2천 500만 번이나 손가락의 이음새들을 뻗고 구부린다. 믿을 수 없을 만큼 공간을 효율적으로 이용함으로써, 골수는 매초 250만 개의 적혈구를 생산하고, 25조 개의 적혈구 공급을 보충한다. 이는 공중에 가로 놓으면 끝에서 끝까지 3만 1천 마일(약 5만km)은 될 것이다.

또한 몸에 있는 650개에 달하는 근육의 역할을 생각해 보자. 단순히 걷는

데만 200개의 근육이 소요된다. 40개의 다리 근육이 다리를 들어 올리는 동안 등의 근육은 균형을 유지하고, 복부 근육은 몸이 뒤로 넘어지지 않도록 지탱해 준다.

세상을 감지하기

길가 카페에 앉아 신선한 음료를 조금씩 마셔 보라. 음식을 조리하는 냄새를 맡고, 활기찬 대화를 하는 사람들의 소리를 듣는다. 다양한 색깔의 꽃들, 어슬렁거리는 사람들, 둥실둥실 떠다니는 구름을 보고, 얼굴에 와 닿는 바람을 느낀다. 눈 깜짝할 사이에, 복잡한 신경 회로와 뇌 안의 셀 수 없는 신호들이 주변 세상을 감지하게 한다. 이러한 능력의 경이로움에 대해 생각해 보자.

눈, 귀, 코는 진실로 세밀한 기적들이다. 거울을 통해 자기 자신을 볼 때 이미지는 완전히 평편하지만 삼차원으로 본다. 하루에 50마일(약 80.4km)을 걷는 것에 상응하는, 지속되는 눈의 움직임들, 매초마다 수십억 번 계산하는 망막 안에 있는 수천만 개의 감각 기관들은 눈을 더 예민하게 하여, 그 어떤 카메라보다 가격을 매길 수 없을 만큼 더 가치가 있다. 카메라와 달리, 눈은 자기-정화를 한다.

대화는 수소 원자의 지름과 똑같은 거리로 고막을 옮긴다. 그러나 엄청나게 예민한 귀는 개인의 목소리를 구별할 수 있고 소리의 근원을 향해 고개를 돌리게 한다. 게다가 귀는 뇌에 아주 경미한 자세의 불균형을 알려 준다.

우표보다 더 작은 영역으로 응축된, 각각의 콧구멍은 냄새에 대한 천만 개의 수신 장치들을 갖고 있고 뇌가 만 개의 다른 냄새들을 구별하여 기억할 수 있게 한다.

피부보다 몸을 더 얇게 덮을 수 있는 것이 있을까? 평균 평방 센티미터 아래에(작은 손톱의 크기) 접촉, 온도, 고통을 감지하는 수백 개의 말초 신경들이 있다. 시원하게 해 주는 100개의 땀샘과 태양 광선으로부터 보호해 주는 수많은 멜라닌 세포는 말할 필요도 없다.

놀랄 만한 방어들

매순간 우리의 몸은 어느 나라의 군대보다 더 정교한 방어 체계로 강력한 침입군을 방어한다. 피부가 보호의 선봉장이다. 피부의 짭짤한(소금기가 있는) 산성 조직은 수많은 세균을 무찌르고 다른 불결한 것들이 몸으로 들어오는 것을 막는다.

매일 우리는 200억 개의 외부입자들을 포함한, 작은 방을 가득 채운 것과 똑같은 공기의 1만 7천 파인트(0.550L)를 들이쉰다. 코와 기도와 폐는 주목할 만한 자급자족의 공기 조절과 습도 조절 체계를 구성한다. 코와 목구멍 안에 있는 라이소자임(박테리아 용해 요소)은 대부분의 박테리아와 바이러스들을 파괴한다. 점액은 기도 안에 작은 입자들을 덫으로 잡고, 섬모라고 불리는 수백만 개의 아주 작은 털들은 활발하게 연하(嚥下, 음식물을 삼키는 동작을 가리키는 말로, 외부에서 들어간 음식이 구강에서 인두와 식도를 거쳐 위장까지 이르는 일련의 생리적인 과정) 작용을 하는 동안 점액을 목구멍으로 몰아 내린다. 위 안의 강력한 산은 힘센 세균들을 중성화하는데, 이것이 바로 어린아이가 웅덩이에서 물을 마셔도 늘 건강을 유지할 수 있는 이유이다. 코 안으로 들어오는 공기는 지속적으로 75~80%의 알맞은 습도로 조절된다. 추운 날에는 공기가 따뜻해지도록 추가된 혈액이 코로 보내진다.

파괴를 면한 이러한 미생물들은 매우 놀라운 부산한 활동을 자극한다. 수십억 개의 백혈구들은 몸에 들어온 침입자들을 가차 없이 삼키거나 죽인다.

면역 체계의 다른 세포들은 항체를 생성하는 세포들을 증가시키고 모은다(백만 개의 다른 항체들이 각기 단 하나의 미생물에 적합하게 생산될 수 있다). 필요에 따라 백혈구는 침입자들을 쳐부수는 데 도움을 주는 열을 일으킬 수 있으며, 전쟁이 끝난 후에는 열이 내려간다. 면역 체계가 미래에 침입자와 그에 방어하는 방식을 기억할 때 전쟁의 교훈은 보존된다.

필요한 영양분을 흡수하는 소화계 근처에 간이 있다. 500개의 다른 생명 유지에 필요한 과정에 더하여, 이 생명 유지에 필요한 기관은 장들에 의해서 흡수된 모든 영양소들을 처리하고 독소들을 중화한다. 예를 들어, 혈액이 그것을 통해 흐르는 데 걸리는 8초 안에 간은 주로 카페인이나 니코틴을 해독하는데, 그것이 심장으로 직접 보내진다면 치명적이 될 수 있다.

몸의 지혜

몸의 무수한 복잡성을 감독하는 것은 뇌이다. 고작 약 1,360g 무게와 1천억 개의 신경 세포를 포함하고 있는 이 기관은 비교해 보면 가장 성능이 좋은 컴퓨터를 천연 그대로 만들어 놓은 것 같다. 각각의 신경 세포는 수천 개의 다른 세포들과 연결되고, 또 각각은 차례대로 다른 수천 개의 세포들과 연결되어 있기 때문에 뇌의 유연성과 복잡성, 잠재성은 진실로 놀라운 경외심을 불러일으킨다.

예를 들어, 뇌는 몸의 내부가 놀라울 정도로 생명을 유지하게 한다. 어떤 사람이 120도(섭씨 48.8도) 날씨의 사막에서 살고 있다면 뇌는 열기를 방출하고 땀을 내기 위해서 더 많은 혈액을 피부로 향하게 한다. 북극에서는 오한으로 열을 방출하는 동안 혈액이 피부로부터 중요한 내부 장기로 몰리게 된다. 사람이 출혈을 하면 물이 조직에서 혈관으로 끌어올려지고, 필요하지 않은 혈관들은 혈압을 계속 적당하게 유지하기 위해서 오그라든다. 내부의 균형을 유지하면서 뇌는 또한 결정하고, 문제들을 해결하고, 꿈을 꾸고, 저장된 기억들을 끄집어내고, 얼굴들을 인식하고, 지혜와 인격에 적합한 무한한 능력을 제공한다.

몸의 다른 경이로움들

몸이 '한때 들판에서 물결치던 밀알'이 '우리 손의 파도에 의해서 소비되는 에너지'(National Geographic Society 1986)로 또는 살아 있는 조직으로 어떻게 바뀌는지(첫 번째는 소화 기관에서 복잡한 일련의 변형에 의해서, 그리고 나서 세포들 안에서 훨씬 더 복잡한 변형에 의해서)에 대해 생각해 보자.

몸의 세포들에서 생기는 이산화탄소를 우리가 숨을 쉬는 공기에서 오는 산소와 교환하는, 폐 안에 있는 300억 개의 포(胞 작은 구멍) 또는 기낭의 진가를 음미해 보자. 넓게 펼치면 이 폐의 작은 구멍은 거의 테니스 코트를 덮을 수 있을 것이다.

자신을 회복시키는 몸의 능력에 대해 곰곰이 생각해 보라. 책상 다리나 파이프와 달리, 뼈나 혈관, 피부, 몸의 다른 부분들은 자기-회복을 할 수 있다.

많은 기관들이 대체할 여벌, 곧 눈 두 개, 신장 두 개, 폐 두 개를 갖고 있다. 그러나 생명 유지에 필수적인 간은 단 하나로 특이한 재생 능력을 갖고 있다. 80%가 파괴되거나 잘려 나가도 간은 기능을 하며, 단 2~3개월 만에 원래 크기로 스스로를 다시 만들 수 있다.

몸의 복잡성과 장엄함에 대한 숙고는 자신의 몸을 존중하고 중요하게 여기도록 확실하게 도움을 준다. 이제 진정으로 감사하며 우리의 몸을 경험하는 데 도움을 주는 훈련으로 돌아가 보자.

몸의 진가 인정하기: 훈련

몸을 바라보는 방식이 핵심 자기를 느끼는 방식에 영향을 준다는 것을 알고 있는가? 부정적인 것을 되씹는 것은 부정적인 사고들에 계속 초점을 맞추게 하는 인지왜곡이다. 결과적으로, 기분이 일반적으로 부정적이 될 수 있다. 같은 방식으로, 몸의 가장 부정적인 부분들에 계속 초점을 맞출 수 있다. 거울을 들여다보며 곧바로 흠이나 덜 매력적인 특징들에 초점을 맞출 수 있다. 비슷하게, 피로나 병 또는 잘 작동하지 않는 몸의 일부분에 초점을 맞출 수도 있다(이는 피로나 병, 고통을 무시하라는 말이 아니다. 오히려 일반적으로 자신의 몸을 경험하는 방식에 관해서 이야기하고 있다). 주의를 기울이지 않는다면 대개는 몸을 부정적으로 경험하게 된다. 자기 몸에 대해 더 감사하기 위해서 최소한 4일 동안 다음 훈련을 하라.

> 하루 종일 최소한 6번 자기 몸을 직접 또는 거울을 통해서 보고, 몸에 대한 올바른 어떤 것에 감사하며 주의를 기울인다. 가끔씩 위에서 언급되던 보석들에 주목하라. 몸 안에 있는 기적들을 생각해 본다. 때때로 피부, 감각 기관들, 손, 손가락 또는 자신이 매력적이라고 생각하는 특징들을 생각해 보라. 작동하고 '있는' 것에 감사하며 주의를 기울인다.

chapter 15

몸에 대해 감사하는 마음을 강화하고 연마하라

다음 훈련은 자존감에 관해서 잘 알려진 스승 잭 캔필드(Jack Canfield 1985)가 만든 것으로, 감사하는 마음으로 몸을 경험하는 습관을 강화하는 효과적인 방법이다. 이 훈련은 약 30분 정도 걸린다. 방해받지 않을 조용한 곳에서 직접 천천히 읽거나 누군가에게 천천히 읽어 달라고 부탁한다. 이 훈련을 4일 동안 매일 한 번씩 한다.

몸에 대해 감사하기 위한 마음의 산책

환영한다. 편안한 자세를 취하고, 의자에 앉거나 마루나 침대에 등을 대고 눕는다. 잠시 편안한 시간을 갖는다. 그리고 자신의 몸을 의식한다. 팔, 다리,

목 또는 등… 몸을 더 깊이 의식하기 위해서 몸의 여러 부분을 스트레칭 할 수 있다. 이제 2~3번 더 깊고, 더 길게, 더 천천히 숨을 쉰다. 할 수 있다면 코로 숨을 들이쉬고 입으로 숨을 내쉰다. 그리고 길게 천천히 리듬을 맞춰서 계속 숨을 쉰다.

이제 자기 몸에 초점을 맞추고 감사하기 위해서 잠시 시간을 낸다. 삶에 에너지를 가져다주는, 폐로 들어오고 나가는 공기를 느낀다. 스스로 그것을 인식하지 못할 때도 폐는 계속 숨을 쉬고 있다는 것을 기억하라. 하루 종일, 잠자는 동안에도 밤새도록, 숨을 들이쉬고 내쉰다. 산소를 들이쉬고, 신선하고 맑은 공기를 들이쉬면서 노폐물을 밖으로 내쉬어라. 몸 전체를 청소하고 회복시켜라. 대양과 같이, 밀물과 썰물과 같이 숨이 계속해서 들어오고 나간다. 지금 바로 아름답고 빛나는 하얀 빛과 사랑을 폐로 보내라. 처음 숨을 쉰 이후로 죽 폐는 당신을 위해 거기에 있었다는 것을 깨달아라. 우리가 무엇을 하든, 폐는 하루 종일 여전히 계속 숨을 들이쉬고 내쉰다. 이제 횡격막을 의식하는데, 이는 위로 아래로 올라갔다 내려갔다 하며 계속 폐가 숨을 쉬도록 하는 폐 아래에 있는 근육이다. 그리고 횡격막에 빛과 사랑을 보내라.

자, 이제 심장을 의식하라. 그것을 느끼고 그것에 감사한다. 심장은 살아 있는 기적이다. 그것은 끊임없이 뛰며 결코 어떤 요구도 하지 않는, 끝없이 봉사를 계속하는 지칠 줄 모르는 근육이며 몸 전체의 모든 세포에 생명을 가능하게 하는 영양분들을 보낸다. 얼마나 아름답고 강력한 도구인가! 허구한 날 매 순간 심장은 계속 뛰고 있다. 그래서 하얀 빛과 따뜻함으로 둘러싸인 심장을 보며, 조용히 심장에게 말하라. "나는 너를 사랑해, 그리고 너에게 감사해."

이제 심장을 통해 주입되는 혈액을 의식하라. 그것은 몸을 위한 생명의 강이다. 무수히 많은 혈액 세포들, 적혈구와 백혈구들, 항응혈제와(응고를 막고) 응혈제, 혈류를 통해 흐르고, 병들을 물리치며, 면역과 치유를 제공하고, 폐에서 몸 안의 모든 세포에 산소를 보낸다. 혈액을 위로는 머리끝부터 아래로는 발끝까지 보낸다. 정맥과 동맥을 통해 움직이는 이 혈액을 느껴 본다. 그리고 하얀 빛으로 이 정맥과 동맥의 모든 부분을 감싼다. 마치 그것이 각 세포에 기쁨과 사랑을 주듯이 혈액의 시냇물에서 춤추고 있는 것을 보아라.

가슴과 흉곽을 의식하라. 숨을 쉴 때 그것이 오르락내리락하는 것을 느낄 수 있다. 몸 안에 있는 모든 기관들을 보호하는 흉곽은 심장과 폐를 보호하고 안전하게 지킨다. 그러므로 흉곽을 이루는 뼈들에 사랑과 빛을 보내라. 그다음 위장과 장과 신장과 간을 의식하라. 몸의 모든 기관들은 음식을 들여오고 소화시키고 몸에 영양분을 공급하는 혈액의 균형을 이루고, 혈액을 정화하는 신장과 방광을, 목부터 밑으로 허리에 이르기까지 몸 전체가 하얀 빛으로 둘러싸여 채워지는 것을 보아라.

그다음 다리를 의식하라. 걷고 달리고 춤추고 뛰는 다리는 세상에 서 있게 하며, 앞으로 나아가고, 달리고, 숨이 가쁠 정도로 기분 좋게 뛰게 한다. 다리에 감사하고 그것들이 하얀 빛으로 둘러싸인 것을 느껴 본다. 빛이 나는 하얀 빛으로 채워진 다리의 모든 근육과 뼈들을 본다. 그리고 다음과 같이 다리에게 말한다. "나는 다리, 너를 사랑해. 그리고 네가 해 온 모든 일들에 감사해." 그다음으로 발을 의식하라. 그것은 세상을 걸을 때 균형을 유지하게 한다. 또한 오르고 달릴 수 있게 한다. 그리고 매일 당신을 지탱해 준다. 그러니 발에게 지탱해 주고 거기에 있어 주어 고맙다고 말한다.

그다음 팔을 의식하라. 팔 역시 기적이다. 손도 그렇다. 손과 팔 때문에 할 수 있는 모든 것들에 대해 생각한다. 쓰고 타이프를 칠 수 있다. 손을 뻗어 물건을 잡을 수 있고 그 물건들을 사용할 수 있다. 입으로 음식을 가져갈 수 있고, 원하지 않은 물건들을 치울 수 있다. 가려운 곳을 긁을 수 있고, 책장을 넘기고, 요리하고, 운전하고, 다른 사람에게 메시지를 전하고, 간지럼을 태우고, 자신을 방어하고, 사람을 껴안을 수 있다. 세상에 그리고 다른 사람에게 다가가 만질 수 있다. 그러니 손과 팔이 빛으로 감싸지는 것을 보고, 그들에게 사랑을 보내라.

그다음으로 몸, 자신이 매일 사용할 몸을 가진 것에 대해 감사함을 느끼도록 하라. 몸은 하고자 하는, 성장하고 배우는 데 필요한 경험을 할 수 있게 한다.

그다음 똑바로 설 수 있고 온몸에 대한 구조를 제공하고 뇌에서 등뼈 밑으로 가는, 몸의 나머지 부분의 바깥으로 나가 신경을 보호하는 등뼈를 의식하라. 골반에 있는 등뼈 기저(基底, 출발점)에 이르기까지 등뼈 위로 떠다니는, 등뼈 위로 움직이는, 목에까지 줄곧 두개골이 연결되는 등뼈 꼭대기까지 때때로 등뼈 척추골 위로 떠다니는, 황금빛을 보고 그 황금빛이 자신의 뇌 속으로 흘러 올라가게 한다.

목에 있는 성대를 의식하라. 성대는 이야기할 수 있게, 들을 수 있게, 의사소통을 할 수 있게, 알아들을 수 있게, 노래를 하고 성가를 부르고 기도를 할 수 있게, 소리를 지를 수 있게, 그리고 기쁘고 흥분해서 소리를 지를 수 있게 느낌을 표현하고, 소리를 지르고, 울고, 깊은 사고와 꿈을 나눌 수 있게 한다.

그다음 분석하고 계산하는, 문제들을 풀고 미래를 계획하는, 예측하고 추론하고 연역하고 귀납하는 뇌의 왼쪽 면을 의식하라. 자신의 지성이 제공하는 것에 대해 진정으로 감사하고 황금빛과 하얀 빛으로 완전히 채워진 작은 별들이 희미하게 빛나는 왼쪽 뇌를 본다. 그 하얀 빛이 뇌의 그 부분을 정화하고 깨어나게 하고 사랑하고 양육하는 것을 본다. 다음 그 빛이 뇌의 왼쪽에서 오른쪽으로 다리를 건너 흘러가게 한다. 오른쪽 뇌는 느끼도록, 감정을 갖도록, 직관하도록, 꿈을 꾸도록, 몽상을 하고 마음속에 그려 보도록, 창조하도록, 더 높은 지혜와 이야기하도록 허락하는 부분이며 시를 쓰고 그림을 그리도록, 예술과 음악을 감상하도록 허락하는 부분이다. 뇌의 그쪽 부분이 하얗고 황금빛으로 채워지는 것을 보라.

그다음 그 빛이 자신의 눈 안에 있는 신경들 밑으로 흘러가는 것을 지각하라. 그 빛으로 채워진 눈을 보고 느껴라. 그리고 자신의 눈으로 들어오는 아름다운 것들(꽃과 일몰, 아름다운 사람들을)을 보라. 눈을 통해 감상할 수 있는 모든 것들을 알아차려라.

그다음 코를 의식하라. 코는 냄새를 맡고 숨을 쉬고 맛을 보게 한다. 삶에 있는 모든 놀라운 미각과 냄새 꽃의 아름다운 향기, 좋아하는 모든 음식들의 진수를 맛보게 한다.

이제 귀를 의식하라. 귀는 음악을 듣도록, 바람과 대양의 파도 소리와 새들의 노랫소리를 "당신을 사랑해요."라는 말을 듣도록 하고, 토론에 참여하고 다른 사람의 생각을 듣도록 허락하며 이해하는 것을 지원한다.

이제는 머리부터 발끝까지 모든 부분이 자신의 사랑과 빛으로 둘러싸여 채워지는 것을 느껴라. 그리고 이제 잠시 시간을 갖고 자신의 몸에게 했던 어떤 것, 불친절하게 대했고 사랑으로 돌보지 않았고, 몸이 내는 소리에 귀 기울이지 않았던 때를, 너무 많은 음식과 알코올과 마약을 취했던 것에 대해 너무 바빠서 먹지 못했고, 너무 바빠서 운동하지 못했고, 너무 바빠서 마사지나 따뜻한 목욕을 못했던 것 그리고 몸이 안기고, 만져지기를 원했는데 하지 않았던 모든 때에 대해 사과하게 하라.

다시 한 번 자신의 몸을 느껴라. 그리고 빛으로 둘러싸인 자신을 보라. 그

빛이 몸에서 밖으로 세상 속으로 퍼져 나가게, 주위의 공간을 채우면서 퍼져 나가게 하라.

　이제 그 빛이 천천히 자신 안으로 다시 돌아오게 한다. 아주 천천히 자신의 몸으로, 자신으로 돌아오게 그리고 지금 여기서 빛으로 가득 찬, 몸에 대한 사랑과 감사로 가득 찬, 자신을 경험한다. 그리고 준비가 될 때 자신의 능력을 발휘하면 아마도 자기 몸 안에서, 몸에 대한 인식과 살아 있다는 것을 다시 느끼기 시작할 것이다. 그리고 준비가 될 때, 그러한 변화를 시도하는 데 필요한 시간을 가지면서 자세를 바로하고 방 안에 있는 것에 다시 적응하며 눈을 뜬다.

연습은 감정을 강화한다

이 훈련은 큰 영향을 줄 수 있다. 그 효과는 자주 실천함으로써 커진다. 느긋하게 훈련을 함으로써 유용한 느낌과 통찰력이 생길 수 있다. 대개 경험하는 느낌들이 아주 즐겁다 하더라도, 항상 그런 것은 아니다. 예를 들어, 한 학생이 이 훈련을 처음 했을 때 울먹였다. 특히 그녀가 자신의 다리에 감사하려고 애썼을 때 그랬다. 그녀는 어렸을 때 무용수가 되기를 원했지만, 다리에 심각한 화상을 입었다. 그녀는 아직도 그 사고에 대해 화가 나 있었고 그 사건 이후로 자신의 다리를 미워했다는 것을 깨닫게 되었다. 그녀는 자기 몸에 대한 분노와 부정적인 느낌들을 해방시키기로 마음먹었다. 그다음에는 이 훈련을 아주 기쁘게 할 수 있었다. 그러니 훈련을 계속하라. 그러면 시간이 흐르면서 늘어나는 유익한 것들을 기대할 것이다.

chapter 16

자기-사랑과 감사를 행사하라

우리의 관심을 곧바로 핵심 자기로 돌려서, **조건 없는 사랑**이 정신 건강과 성장에 필요하다는 전제를 기억해 보자. **조건이 없다는 것**은 우리가 다르게 되기를 원하는 불완전함이 있다 하더라도 사랑하기를 선택한다는 의미이다.

과체중인 두 사람이 있다고 하자. 제인Jane은 '나는 뚱뚱해. 나는 나 자신이 미워.'라고 생각한다. 메리Mary는 '나는 나 자신이 되는 것이 내면으로 참으로 기뻐. 몸무게를 약간만 줄인다면 기분이 더 좋아지고 훨씬 더 삶을 즐길 수 있을 거야.'라고 생각한다. 제인과 메리의 감정적 어조의 차이점에 주목하자. 어느 쪽이 몸무게를 줄이기 위해 다이어트와 운동 계획을 고수할 가능성이 더 높은가? 어느 쪽이 감정적으로 괴로워하지 않고 원하는 몸무게에 도달할 가능성이 더 높은가?

5장(현실을 인정하라 '그럼에도 불구하고!')에서 우리는 다음에 나오는 핵심 개념을 배웠다.

1. 핵심 자기를 단죄하지 않고 불쾌한 외적 상황들 인정하기.
2. 자기를 싫어하는 사람들은 자존감을 좀먹는 '~때문에, 그래서'라는 사고를 하는 경향이 있다(예를 들어, '나는 뚱뚱하기 때문에, 그래서 나 자신을 미워해.').
3. **그럼에도 불구하고 기술**은 불쾌한 외적인 것들에 대해 현실적이고 낙관적인, 그리고 즉각적인 응답(외적인 것들로부터 가치를 분리함으로써 가치감을 강화시키는 응답)을 제공한다.

이 장에서 우리는 아래의 형식을 이용해서 **그럼에도 불구하고 기술**을 확대한다.

_____ 일지라도, 그럼에도 불구하고 _____
(어떤 외적인 진술)　　　　　　　　　　　　　　　(어떤 사랑/감사의 진술)

예시 "내가 과체중<u>일지라도, 그럼에도 불구하고</u> <u>나는 나를 사랑해.</u>"
다른 **그럼에도 불구하고** 진술은 다음과 같다.
- 나는 확실히 나 자신을 사랑한다.
- 내면에서는 나는 정말로 나 자신이 되는 것이 기쁘다.
- 마음속으로는, 나는 진실로 나를 좋아하고 나의 진가를 인정한다.

또 다른 변형은 다음 형식을 이용하는 것이다.

_____ 은 사실이고, 그래도 _____

예시 "내가 오늘 서투르게 일한 것은 사실이지만, 그래도 <u>나는 나를 사랑한다.</u>" 아마도 자신이 좋아하는 다른 문장들을 생각할 수 있을 것이다.

~일지라도, 그럼에도 불구하고

파트너 연습: 훈련

파트너를 선정한다. 파트너에게 마음에 떠오르는 부정적인 것은 무엇이든 말해 달라고 청한다. 다음과 같이 그것들은 거짓일 수도 있고 사실일 수도 있다.

- 나는 너를 미워해!
- 너는 실패자야!
- 너는 참으로 얼간이야!
- 너는 왜 항상 바보짓을 하니?

각 비판에 자기 자아는 젖혀 두고 핵심 자기에 대한 사랑/감사를 표현하는 **~일지라도, 그럼에도 불구하고** 진술로 응답한다. 당신은 자기 자신의 인지 치료 기법들 중 어떤 것이나 또는 사랑의 언어 기술들을 이용하기를 원할 것이다. 예를 들어, 어떤 사람이 '실패자'라는 꼬리표를 나에게 붙인다면 그에게 "실제로 나는 가끔 실패하는, 그러나 성공하는 사람이야. 내가 가끔 **실패한다 하더라도, 그럼에도 불구하고**…"라고 응답할 수 있다. 누군가가 내가 항상 바보짓을 한다고 우긴다면 다음과 같이 응답할 수 있다. "내가 때때로 바보짓을 한다 하더라도, **그럼에도 불구하고**…"

자기-사랑과 감사: 훈련

1. 다음 6일 동안 매일 자존감을 잠식할 가능성이 있는 세 가지 사건들을 선택한다.(예 – 거울을 보면서 눈 밑에 처진 살을 본다. 어떤 사람이 나를 비판하거나 나에게 욕설을 한다. 나는 일을 서투르게 한다. 내가 사랑하는 사람이 나를 사랑하지 않는다는 것을 기억한다.)

2. 각 사건에 응답할 때 사랑/감사를 표현하는 '~일지라도, 그럼에도 불구하고' 진술을 택한다. 그리고 나서 다음에 나오는 빈칸에 사건이나 상황, 사용한 진술, 그리고 이 진술을 선택하고 그것을 자신에게 말함으로써 자신이 느끼는 느낌들에 미친 영향을 묘사한다. 문서로 기록하는 것은 기술을 강화한다.

3. 이 훈련은 조건 없는 사랑으로 도전하는 사건들을 경험하도록 한다. 이러한 사랑은 **느낌**으로 경험된다. 감정을 섞어 각각의 진술들을 말해 본다. 턱을 조금 치켜들고 얼굴에 기쁜 표정을 지을 수 있다.

사랑은 느낌이라는 것을 기억하라. 또한 매 순간 자기 자신을 위한 안녕을 희망하는 태도이다. 그리고 매일 이루어지는 결정이다. 그것은 헌신의 본질이다. 헌신은 의도적인 것이다.

날짜	사건/상황	사용된 진술	영향
_____ 1. 2. 3.			
_____ 1. 2. 3.			
_____ 1. 2. 3.			
_____ 1. 2. 3.			
_____ 1. 2. 3.			
_____ 1. 2. 3.			

chapter 17

사랑의 눈으로 하는 묵상

이 훈련은 기쁘고 감사하는 마음으로 자신을 경험하는 데 도움을 주는 좋은 방법이다.

먼저 방해받지 않고 긴장을 풀 수 있는 조용한 장소를 찾아 약 10분 정도 눕거나 앉는다.

일단 자리를 잡았으면 자신이 매우 신뢰하고 무척 사랑하는 사람(귀중한 친구, 사랑하는 가족 구성원, 하느님 또는 상상의 존재) 앞에 앉아 있는 것을 상상한다. 그 사람(존재)이 현실적으로 그리고 아주 사랑스럽게 당신을 본다. 그의 시선(사랑의 눈)으로 자신을 볼 수 있다고 상상한다. 감사할 것이 무엇이 있는가? 자세히 들여다보라.

- 신체적으로 만족스럽거나 매력적인 어떤 것이 있는가?
- 지성, 영리함, 통찰력, 웃음, 유머, 도덕성, 평온함, 좋은 취향, 인내심과

같은 만족스러운 모든 인격이나 성격 특성에 주목한다.
- 모든 달란트와 기술들을 알아본다.
- 안색, 표정, 미소와 같은 순수한 신체적 속성들을 넘어 외모에 주목한다.

사랑과 감사의 눈을 통해 자신을 보고 잠시 동안 그 경험을 즐긴다.

이제 자신의 몸으로 돌아가 재구성한다. 이 사랑스런 존재로부터 사랑과 감사의 모든 느낌들을 느낀다(그리고 따뜻하고, 행복하고, 편안하고, 안전함을 느낀다). 스스로에게 "나는 사랑스러워."라고 조용히 말하고, 자기 내면에서 자라나는 그러한 사랑과 감사의 느낌들을 느낀다.

chapter 18

거울 속의 얼굴 좋아하기

다음은 이 책에 나오는 가장 강력한 훈련들 가운데 하나이다. 가르침을 준 미국인 군목 엘던 브라운 N. Alden Brown에게 감사한다.

당신은 어떤 가치가 있나?

어떤 사람들은 대답한다.

- 나는 시간당 12.50달러의 가치가 있다. 그것은 내 상사가 나에게 지불하는 금액이다.
- 나는 아무 가치도 없다. 못 믿겠거든 나의 아버지/배우자/여자 친구 등에게 물어보라.

- 나는 군대의 패기 외에는 어떤 가치도 없다.

앞서 이야기했듯이, 우리는 한 개인의 가치에 제한된 값을 매길 수 없다. 우리는 그렇게 하는가? 우리가 어떤 사람을 그가 받는 급료나 보험 증권, 지위·계급이나 달란트 또는 우리가 그러한 것들을 취할 수 있는 것들로 축소한다면 그렇다. 그러니 여기서 기본적인 견해를 반복해 보자. 곧 각 사람은 무한하고 변하지 않는, 동등한 가치를 지니고 있다는 것이다.

자신의 눈을 들여다보면서 핵심 자기를 보는 데 오랜 시간을 보낸 적이 있는가? 이런 식으로 자기 자신을 좋아하는 법을 배울 수 있다. 그것은 약간의 연습이 필요하지만, 이 기술은 거울에 관해서 생각하는 방식을 바꿀 수 있다.

다른 사람들이 당신을 보는 방식은 그들이 그들 자신을 보는 방식에 의해 왜곡될 수 있다. 그러나 거울은 이미지들을 아주 정확하게 반영해 준다. 당신이 거울 속의 자신을 바라볼 때, 당신의 관심이 외모(당신이 입고 있는 옷, 당신의 머리, 당신에게 있는 흠 또는 다른 외적인 것들)에 모여질 수 있다. 그러나 이 훈련을 통해서, 당신은 당신 자신을 다르게, 아마 당신이 전에 보았던 것과는 다르게 볼 것이다.

자기에 대한 숙고: 훈련

1. 4일 동안 매일 여러 번 거울을 본다.
2. 사랑의 눈으로 거울 속 자신의 눈을 들여다본다. 그러면 먼저 눈 안에, 그리고 눈 주위에 있는 스트레스를 알아챌 것이다. 진정한 이해와 감정

을 가지고 바라보라. 스트레스 뒤에 무엇이 있는지 이해하며 진정시키려고 애써라. 깊은 사랑으로 볼 때 눈 안에서 그리고 얼굴 전체의 표정에서 일어나는 변화를 알아챌 수 있을 것이다.

3. 이 훈련을 자주 반복한다. 자동차 거울이나 다른 거울을 이용할 수도 있다.

시간이 지나면서 이 간단하지만 심도 깊은 훈련을 통해 아주 온전하고 좋은 느낌이 뿌리를 내리고 성장하게 된다. 자신의 눈을 들여다보고 핵심 자기를 볼 때 외모와 외적인 것들이 적절한(예를 들어, 부차적인) 중요성을 지니게 된다. 초점이 이제는 무한한 가치, 핵심(사랑으로 보는)에 모여지기 때문에 거울을 들여다보는 것을 크게 두려워하는 대신에 기대하고 즐기게 된다.

chapter 19

조건 없는 사랑에 대한 개관

이 부분에서 우리는 자존감의 두 번째 블록, '조건 없는 사랑'과 관련된 몇 가지 아주 중요한 생각과 기술을 탐구하고 있다. 이 요소가 매우 중요하기 때문에 몇 가지 핵심 생각과 기술을 재음미해 보자.

도움이 되는 생각들

- 핵심 자기에 대한 사랑은 온전한 느낌이다. 그것은 또한 자기 자신을 위한 최상의 것을 원하는 태도이며, 매일 이루어지는 결정이다.
- 심리적인 건강과 성장은 핵심에 대한 사랑에 달려 있다.
- 사랑은 훈련을 통해 학습되고 습득된다.
- 우리는 핵심 자기에 대한 사랑을 촉진시킬 책임이 있다. 우리가 다른 사람

들에게서 사랑을 기대할 수 없을 때라도, 우리는 이 사랑을 기대할 수 있다.

습득된 기술들

- 핵심 자기를 발견하고, 사랑하고, 치유하기
- 호의적인 묘사(설명)들과 표현의 방법 바꾸기
- 긍정적인 특성들을 인정하고 수용하기
- 몸에 대해 감사하는 마음을 기르기
- 몸에 대해 감사하는 마음을 강화하고 연마하기
- 사랑의 눈으로 묵상하기
- '~일지라도, 그럼에도 불구하고' 기술 활용하기
- 거울 속의 얼굴 좋아하기

이러한 중요한 생각과 기술을 강화하기 위해서 잠시 시간을 내어 다음 질문에 답해 보자. 자신이 했던 것을 재음미하기 위해서 이 부분의 앞쪽으로 돌아가 다시 훑어볼 수 있다.

1. 나에게 가장 의미 있었던 두 번째 요소에 관한 생각들은

2. 내가 가장 잘 기억하고 사용하기를 좋아하는 기술은

3. 두 번째 요소 훈련들과 관련해서 자신에게는 어떤 훈련들이 더 필요한가? 더 연습하기를 원하는 어떤 기술들이 있는가? 필요한 만큼 시간을 별도로 내어 그것을 실행해 본다.

요소 Ⅲ
사랑의 적극적인 측면: 성장하기

chapter 20

성장의 기초들

우리가 하는 모든 결정은 우리가 자신에게

얼마나 많은 가치를 두는지 설명해 준다.

미국인 군목 엘던 브라운 N. Alden Brown

자존감은 인지적인 문제이자 그에 못지않게 마음의 문제이다. 이것은 특히 자존감의 세 번째 블록, 성장에서 그러하다. 성장의 다른 이름은 다음과 같다:

- 활동 안에서의 사랑
- 완전하게 되기
- 꽃피우기
- **훨씬 더 많은 요소**

'**훨씬 더 많은 요소**'는 내가 가장 사랑하는 스승에게서 유래한다. 어떤 사람은 그가 키가 크고 호리호리하지만 특별히 잘생긴 것은 아니라고 말했다. 사실 어떤 사람들은 그가 전혀 잘생긴 얼굴이 아니었다고 말했다. 그러나 그는 어머니가 자신을 사랑한다는 것을 알고 있었고, 그래서 모든 사람이 그를 좋아했다. 그는 열아홉 살에 자신의 첫 양복으로 파란색 슈트를 얻었다. 그는 다른 사람들을 어떻게 가르치고 그들에게 봉사할 수 있을지를 생각하며, 깨끗한 흰 셔츠와 넥타이에 그 슈트를 입고 "나는 **훨씬** 더 멋있게 되었다."라고 말했다. 그 말을 하는 그의 얼굴은 빛났다.

세 번째 요소, 성장은 자신이 핵심에 있다는 **그 이상의** 고요한 느낌이다. 다른 말로, 성장은 초기에 존재한 특징들을 발달시키는 것이다. 자신에게 딱 맞는 적당하고 안정된 속도로 자신이 될 수 있는 최상의 사람이 되는 중이라는 것을 알고 있기 때문에 깊이 조용히 자신이 된 것에 기쁨을 느낀다. 간단히 말해, 그러한 성장은 다음과 같은 의미가 있다.

- 자신의 능력과 잠재력을 발달시키기
- 최상을 향해 위로 올라가고, 나아가기
- 다른 사람들과 자기 자신의 인간성을 향상시키기

우리는 핵심 자기를 무한하고 투명한 변하지 않는 가치(초기의 모든 필요한 속성과 함께)에 비유해 왔다. 첫 번째 요소, **인간 가치**는 정확하게 이것을 이해한다. 두 번째 요소, **사랑**은 핵심을 강화하고 빛나게 하며, 세 번째 요소인 성장의 기반을 제공한다.

성장하기 또는 완성하기는 남아 있는 더러움을 없애고 훨씬 더 밝게 빛나는 빛 속으로 핵심을 들어 올린다.

활동 안에서의 사랑: 다음 단계들

핵심을 위장하고 더럽힐 수 있는 인지왜곡들을 이미 제거했기 때문에, 그다음의 과업은 다음과 같다.

- 사랑하고 자기-향상을 하는 행동들을 선택하기
- 사랑하지 않는 행동들은 자기-향상이 아니므로 그것을 핵심 행동 주변에서 제거한다. 이는 약물 사용, 과도한 화, 상품화하는 섹스 등을 포함한 건강하지 않거나 불친절한 습관들을 말한다. 사랑이 없는 행동들은 또한 너무 조금 자는 것, 지나친 과식이나 흡연 등을 포함한다.

개인의 성장은 삶의 가장 큰 기쁨이다. 반복해서 말하면, 자존감은 자기만족을 의미하는 게 아니다. 하펜(Hafen 1989)은 다음과 같이 말한다.

> 어떤 사람들은 자기-수용이 치료의 끝이라는 또는 개인 발달의 시작이라기보다 끝이라는, 오해의 소지가 있는 생각을 내놓는다. 이런 식의 상담은 사람들이 변화되도록 도움을 주는 데 덜 관심을 갖게 되고, 단순히 그들이 편안해지도록 도움을 주는 데 더 관심을 가질 수 있다. 그것은 어떤 사람이 불치병과 타협하도록(체념하여 길들여지는 데) 도움을 주는 적절한 접근법이 될 수도 있다. 그러나 개인 성장과 발달 과정을 돕는 데 있어서는 실패할 가능성이 높다.

그래서 자존감(자기 자신에 대한 현실적이고 진가를 인정하는 평가)은 자기-수용(첫 번째 요소와 두 번째 요소)과 꽃피우는 것(세 번째 요소)의 결합에 달려 있다.

성장에 대한 관점들

세 번째 요소(건강한 성장 과정)는 다음 10가지 원리에 의거한다.

1. 우리는 신체적·정신적·사회적·감정적·영적으로 발달하도록 설계/창조되었다. 그리고 우리는 우리의 능력들이 길러지고 훈련될 때 그렇게 될 것이다. 양육은 사랑이다.
2. 자신의 능력을 발달시키는 것은 자신을 사랑하는 방식이다. 그 능력을 나누는 것은 다른 사람을 사랑하는 방식이다.
3. 성장은 그것을 위한 조건이 아니라, 조건 없는 가치와 조건 없는 사랑의 결과이다. 사랑은 성장을 위한 옥토를 제공한다. 조건 없는 가치와 사랑에 대한 의식이 없다면 성공/성취/생산은 거의 자존감으로 이어지지 못한다. 그러므로 발달에 대한 결정은 첫 번째 요소와 두 번째 요소를 전제한다.
4. 성장은 다음과 같은 이유로 고도의 능력을 의미하지 않는다.
   - 능력은 전체적인 자존감을 예측하지 못한다는 것을 연구는 지적한다.
   - 그것이 늘 행사될 때 능력은 결과(이를테면 성취된, 끝마친, 완성된)를 암시한다. 오히려 성장은 다음과 같이 말하는 인식이다.
   - "나는 할 수 있어."(이를테면 나는 할 수 있고 능력을 갖고 있다.)
   - "나는 열망하는 방향으로 진행 중이고 움직이고 있어." 그래서 성장은

결과가 아니라 방향이며 과정이다. 따라서 우리가 열망하는 목적(완성 등의)에 미치지 못한다고 하더라도 우리는 과정에 관해서 좋게 느낄 수 있다.

5. 우리의 능력을 발달시키는 것은 변화하고 증진되고 가치를 입증하는 것이 아니다(가치는 태어나면서 존재하고, 이미 무한하고 변하지 않는다). 게다가 우리는 성장하면서 우리의 가치를 표현하고 자기에 대한 지각이 변하며, 더 기뻐하고 감사하고 만족스럽게 자신을 경험하고, 우리의 진정한, 핵심 자기를 더 확실하게 이해하고, 우리 자신을 핵심 자기가 더 밝게 비추는 햇빛 아래 놓는다.

6. 시간이 지나면서 친구와의 좋은 경험이 신뢰와 그 친구에 대한 호의적인 평가를 공고히 한다. 마찬가지로, 자기에 대한 좋은 경험들이 자기-인식을 교정하고 향상시킨다.

7. 성장은 진행 중인 과정이다. 피고 지는 장미와 달리, 핵심 자기는 바깥 껍질이 노화해도 계속 성장할 수 있다.

8. 성장은 홀로 완성되는 것이 아니라, 상호 의존적으로(예를 들어, 다른 사람들의 도움이나 자연 또는 은총으로) 성취된다.

9. 성장은 계발된 도덕성(윤리적인 행동과 인격)과 온전한 기쁨으로 단순하게 이루어진다(예-예술, 아름다움, 취미, 배움, 발달하는 재능, 봉사, 주변을 청결하게 하고 아름답게 함, 놀이, 일, 사랑하기를 포함해서 양심을 손상시키지 않고 재창조하는 기쁨).

10. 사람들은 더 행복해지기 위해서 발달하기를 택한다. 더 행복해질 때 우리는 삶과 자신을 더 즐기는 경향이 있다.

성장과 관련된 질문들

아무래도 도덕성과 즐거움은 양립할 수 없는가?

도덕성은 통합이나 온전함을 포함한다. 그것은 우리의 가치와 행동 사이에 구분이 전혀 없다는 것을 암시한다. 도덕성을 발달시킬 때 우리 자신을 더 평화스럽게 경험하며, 윈슬로 호머Winslow Homer의 "모든 사람은 나의 집 밖에서 그리고 나의 집과 나 자신 안에서 사랑스럽다."라는 의견에 동조할 수 있다. 윤리적 행동은 진정시키고, 친절하고, 평화스럽고, 정직하다. "오늘 나는 도덕성을 우선순위에 둘 것이다."라는 결심으로 하루를 시작할 때 도덕성은 발달한다.

누군가가 즐거움은 아무래도 도덕성과 양립할 수 없다고 주장하더라도, 아시시의 프란치스코Francis of Assisi 성인이 말한 것을 상기하자. "그 누구도 기쁨 없이 살 수 없는데, 그것이 바로 영의 기쁨(이를테면, 삶의 기쁨)을 빼앗긴 인간이 세속적 즐거움으로 넘어가는 이유이다."

더 나아가 간다는 그것은 의식을 타락시키는 즐거움이 아니라, 양심 없는 즐거움(영웅적 행위나 남용 또는 믿음을 거슬리는 즐거움 등)이라고 설명했다. **온전한 기쁨은** 재현되고 필연적이다. 단지 인간의 의식을 격하시키는 즐거움은 피해야 한다. 이런 의미에서 온전한 즐거움을 추구하는 것은 도덕성의 추구와 양립한다.

자존감을 가지기 위해서 우리는 완벽한 도덕성을 가져야 하는가?

내면의 평화는 우리가 어떻게 해야 하는지 알고 있는 것에 최선을 다할 때 온다. 우리는 그 방법을 알고 있거나 할 수 있는 것을 할 수 밖에 없다. 모든 사람은 틀리기 쉽기 때문에 각 사람은 완벽하지 못하다. 그러나 열망하는 방향으로 나아가고 움직이려고 최선을 다한다면 우리는 여전히 자신의 가치를 경험할 수 있다.

언제 성장이 재미없는가?

결과가 절대적인 필수품이 될 때 성장은 재미가 없다. 예를 들어, 우리가 가치나 행복의 조건으로서 성공한 세일즈맨으로 발전해야 **한다면** 우리는 기쁨 없이 막다른 곳까지 내몰린다고 느낄 가능성이 크다. 다시 말해, 온전한 **성장**은 **조건 없는 가치**와 **사랑**이 우선시된다는 사실로 돌아온다. 그래서 **성장의 과정**을 실패에 대한 두려움이나 결과에 대한 선입견 없이 즐길 수 있다. 결과에 대한 선입견과 실패에 대한 두려움 모두 **조건 있는 가치와 조건 있는 사랑**이라는 같은 뿌리에서 온다.

성장은 계단을 오르는 것이지, 도달하는 것이 아니다. 따라서 우리는 완벽에 도달하지 못해도 좌절하지 않으면서 그 과정과 방향을 즐길 수 있다.

인간성과 자기를 고양하는 것에 대한 숙고

세 번째 요소는 다음 의견들이 제안하듯이, 즐겁고 만족스럽게 접근하기(현재 우리의 발달 수준을 뛰어넘어 접근하기, 다른 사람들과 접촉하기)이다. 이제 시간을 내서 다음 내용들을 숙고해 보자.

> 일단 자기 자신(이를테면 자신의 가치에서 안전한)을 갖게 되면
> 사심 없는 봉사에 몰두하기가 더 쉽다.
>
> 작자 미상

내가 나 자신을 위해서 있지 않는다면 누가 나를 위해서 있을까?

그러나 내가 오직 나 자신만을 위해서 있다면 나는 무엇인가?

힐렐 Hillel, Wisdom of Our Fathers(우리 교부들의 지혜)

내가 늘 그리고 오직 모든 인류를 위해서만 일한다면

나는 최상으로 감동을 줄 수 있다는 것을 발견했다.

버크민스터 풀러 Buckminster Fuller

교육의 가장 큰 실패는 교육이 종種을 의식하기보다

종족을 의식하는 사람을 만들고 있다는 것이다.

노먼 커즌스 Norman Cousins

삶을 가장 위대하게 사용하는 것은 위대한 삶을 오래 지속시킬

어떤 것을 위해서 삶을 소비하는 것이다.

윌리엄 제임스 William James

우리는 다른 사람들을 위해 존재한다는 것을 매일의 삶을 통해서 알게 된다.

…나는 매일 백 번씩 나 자신에게 이를 상기시킨다.

알베르트 아인슈타인 Albert Einstein

그는 명성에 부를 더할 수 있었지만 어느 것에도 관심을 갖지 않았다.

그는 세상에 도움을 줌으로써 행복과 영예를 발견했다.

조지 워싱턴 카버 George Washington Carver의 비문에서

인간다움(인류 곧 자기, 다른 사람, 모든 다른 사람들)을 고양시키고자 하는
열망은 매일 쓰는 언어에서 우리가 사랑이라고 부르는 것이다.
사랑은 사랑의 대상을 위해 최상의 것을 원하는 것이다.

존 버트John Burt

약점들을 가지고 있다면 그것을 극복하려고 노력하라.
실패한다면 다시 시도하라. 그리고 그다음에도 실패한다면 계속 노력하라.
하느님은 당신 자녀에게 자비하시고,
우리가 우리 자신에게 하는 것보다 훨씬 더 친절하시기 때문이다.

골든 킴벌J. Golden Kimball

다른 모든 방법으로 안 되면, 그것을 기대하지 않은 누군가를 위해 멋진 어떤 것을
하려고 해보라. 당신이 상당히 기분이 좋아지는 것을 보고 깜짝 놀랄 것이다.

조지 번스George Burns

이 규칙을 따른다면 **(가벼운 우울은)** 14일 안에 치유될 것이다.
그것은 가끔씩 다른 사람에게 어떻게 즐거움을 줄 수 있는지를 생각하는 것이다.
자신이 유용하고 가치 있음을 느낄 것이다.

알프레드 아들러Alfred Adler

그 누구도 죽음을 두려워할 필요가 없다.
자신이 자신의 가장 위대한 힘(다른 사람들을 위해 자기 생명을 내어 주는
자유 의지의 힘)을 알지 못하고 죽을 수 있다는 것만 두려워해야 한다.

알베르트 슈바이처Albert Schweitzer

우리는 모두 자신의 달란트들을 투자하는, 장인匠人들이다.

로라 베넷Laura Benet

자신이 할 수 있는 것을 이해할 때

우리는 자신의 존재에 더 충분히 감사하게 된다.

작자 미상

봉사는 다른 사람들의 지속적인 발달을 향한 눈이다.

달린 오크스Dallin H. Oaks

마술(예, 성장)이 작동하는 유일한 방법은 열심히 하는 것이다.

그러나 열심히 하는 것이 재미있을 수 있다.

짐 헨슨Jim Henson, 머펫 창시자

어떤 사람들은 원칙들이 속박하는 것이라고 말한다.

나는 그것이 자유롭게 하는 것이라고 말한다.

어떤 사람들은 봉사가 굴종하는 것이라고 말한다.

그러나 나는 그것이 고상하게 하는 것이라고 말한다.

작자 미상

chapter 21

당신이 완벽하지 않다는 것을 받아들여라

성장은 산을 오르는 것과 같다. 튼튼한 발을 가진 것을 안다면 자신감을 갖고 올라가며 재미가 있을 것이다. 첫 번째와 두 번째 요소들은 성장의 튼튼한 발이다. 성장하기 위해서 그리고 그 과정을 즐기기 위해서 출발할 때 어떤 사람들은 한두 가지 방식으로 당신과 당신의 노력들이 결코 완벽하지 않다는 것을 상기시켜줌으로써 '찬물을 끼얹을 수' 있다. 다음의 ~그럼에도 불구하고 기술은 이전의 두 가지 ~**그럼에도 불구하고** 기술들에서 다음과 같은 형식으로 약간의 변화를 준 것이다.

__내가 완벽하지 않을__ 지라도, 그럼에도 불구하고 _____
(또는 사실에 대한 진술)   (성장의 기술)

예를 들어, 어떤 사람이 당신에게 당신이 제대로 하는 것이 하나도 없다고 말한다. 당신은 다음과 같이 생각한다.

내가 완벽하지 않을지라도, 그럼에도 불구하고 **나는 성장하고 있다.**

다른 그럼에도 불구하고 진술은 다음과 같다.

- 나는 분명 노력하고 있다.
- 나는 배우고 있는 중이다.
- 나는 과정 중에 있고 멈추지 않고 있다.
- 나는 여전히 이 일이 새롭고, 그래서 나의 길을 찾고 있다.
- 나는 여전히 시도하는 것을 즐긴다.
- 나는 나아질 수 있다고 생각한다.
- 나의 가치는 무한하다. 나는 나의 노력의 진가를 인정한다. 그리고 나는 다른 누구 못지않게 노력할 권리가 있다.
- 나는 여전히 '작업하고 있다.'
- 나는 재미있게 하고 있다.
- 나는 다른 방식으로 발달하고 있다.
- 배움은 여전히 모험이다.
- 나는 어제보다 오늘 더 좋아지고 있다.
- 나는 끈질기게 되풀이하여 끝까지 해내고 있다.

자신이 좋아하는 다른 것을 생각할 수 있는가?

내가 완벽하지 않을지라도… 그럼에도 불구하고

파트너 연습: 훈련

파트너를 선택한다. 파트너에게 마음에 떠오르는 부정적인 진술들은 무엇이든 말하게 한다. 그것은 다음과 같이 진실일 수도 있고 거짓일 수도 있다.

- 나의 개구리는 당신보다 이해가 빠르다.
- 성악 레슨을? 네가?
- 너의 잘못된 기억으로 우리는 손해를 보았어!
- 너는 정말 별 게 아니야!
- 너는 왜 그렇게 느리니?
- 네 성격 때문에 너무 성가셔!

각각의 비판에, 자아를 뒤로 하고 **내가 완벽하지 않을지라도 그럼에도 불구하고** 진술로 응답한다. 유머 감각을 유지하려고 애쓰면서 낙천적인 기분으로 응답한다.

당신의 불완전함을 받아들여라: 훈련

1. 앞으로 6일 동안 매일 자존감을 손상시키는 잠재력을 가진 세 가지 사건들을 선택한다.
2. 각 사건에 응답하면서 **내가 완벽하지 않을지라도 그럼에도 불구하고** 진술을 선택한다. 그런 다음, 이 진술을 선택하고 그것을 자신에게 이야기하면서 경험한 사건이나 상황, 사용된 진술, 감정적인 영향을 묘사한다. 기록을 작성하는 것은 기술을 강화한다.

날짜	사건/상황	사용된 진술	영향
_____ 1. 2. 3.			
_____ 1. 2. 3.			
_____ 1. 2. 3.			
_____ 1. 2. 3.			
_____ 1. 2. 3.			
_____ 1. 2. 3.			

chapter 22

그냥 재미로 하라
(가능성들을 주의 깊게 살펴보기)

머펫(Muppets, 팔과 손가락으로 조작하는 인형)의 창시자, 짐 헨슨은 자신의 어린아이 같은 특징들에 대해 크게 감사했는데, 그것은 어린아이가 가지고 있는 즐길 수 있는 귀중한 특징들을 말한다. 다음에 나오는 어린아이 같은 특징들을 생각해 보라.

- 발견하는 감각
- 상처 입기 쉬운
- 따뜻한
- 동정적인
- 감사하는
- 열정적인

- 호응하는
- 열의가 있는
- 신뢰하는
- ~을 할 수 있는 능력(몬테구Montegu 1988)
- 배울 수 있는
- 살아갈 수 있는
- 성장할 수 있는
- 상상할 수 있는/공상할 수 있는/꿈을 꿀 수 있는
- 실험할 수 있는
- 탐험할 수 있는
- 마음을 열 수 있는
- 사랑할 수 있는
- 작업할 수 있는
- 놀이할 수 있는
- 생각할 수 있는

삶의 폭풍들이 이러한 특징들 가운데 어느 것의 불꽃을 소멸시킬 수 있다 하더라도, 각 특징의 불씨는 절대로 완전히 꺼지지 않는다. 성숙의 아름다움은 우리가 자주 이러한 특징들을 다시 촉진할 수 있는 지혜와 감정적 안정을 획득하는 것이다.

간단한 목록

다음의 질문에 대해 자신의 응답을 기록해 보자.

1. 자기 성격에서 어떤 점을 좋아하는가?

　　(강점을 깨닫는 것은 자신을 사랑하는 방식 가운데 하나다.)

2. "당신은 무엇이 변했으면 하는가?"라는 질문에 답한다. 다음 형식을 이용한다.

　　나는 때때로 ＿＿＿＿＿ 그래서 나는 더 ＿＿＿＿＿ 이 되기를 원한다
　　　　　　　　(행동 묘사)　　　　　　　　(특징 묘사)

　(다듬어지지 못한 부분이 있는 것은 수치스러운 것이 아니다. 그러나 있는 그대로의 사실을 인정하는 긍정적인 마음가짐을 알아차리고, 또한 그런 가능성들도 인지하라.)

매력적이고 사람의 마음을 움직이는 특징들

　　　예언이 없으면 백성이 문란해진다.
　　　　　　잠언 29,18

성격 가운데 어떤 특징이 한 사람의 매력과 마음을 움직이는 힘을 강화할

까? 현대 심리학자 브라더스(J. Brothers 1990)는 다음에 나오는 특징들을 매력적이고 사람의 마음을 움직이는 힘을 지닌 사람으로 경험되는 노년층 사람들의 지표로 제안했다. 이 지표들은 당신을 포함한 모든 연령대의 사람들에게 적용된다고 말할 수 있다.

1. 다음 특징들에서 사람의 매력적인/마음을 끄는 힘을 강화한다는 데 동의하는 특징에 체크하라.

    ____ 쾌활한

    ____ 침착한

    ____ 배려하는

    ____ 여러 면에서 기뻐하는(음식, 자연 등을 즐기는)

    ____ 이성에 관심이 있는

    ____ 삶에 관해서 열의가 있는

    ____ 낙관적인(다른 사람이나 자신에 대해 비판하지 않는)

    ____ 건강하고 활기찬(건강을 유지한, 위생적인)

    ____ 내적인 힘(실수를 고민하지 않고 그것에서 배우는)

    ____ 상처입기 쉬운(자신의 결점들을 느끼고 받아들이는)

    ____ 독립된 개체로서 사람들과 관계를 맺는

    (관심을 갖는, 미소 띤, 이야기하는, 감사하는)

    ____ 친절한

    ____ 좋은

    ____ 단점이 아니라, 장점에 초점을 맞추는

    ____ 재미있는(즐겁게 지내는, 재미있는, 때때로 재미삼아 장난하는)

_____ 남성적인 면과 여성적인 면들을 표현하는, 유연한

_____ 동성과 이성 모두와 우정을 즐기는(사람들을 온전한, 복잡한 개인으로 보는)

2. 위의 목록에 더 보태고 싶은 다른 특성들이 있는가? 그것은 무엇인가?

3. 특별히 자신이 중점을 두는 네 가지 특징을 선택한다면(자발적으로, 재미 삼아)?

   a.

   b.

   c.

   d.

chapter 23

당신의 성격을 찬찬히 살펴보라

자존감은 긍정적인 사고가 아니다. 당신은 긍정적인 사고 안에서 자신이 얼마나 훌륭하고 완벽한지 스스로에게 말한다. 그리고 그렇게 함으로써 그렇게 되기를 희망한다. 그것은 현실에 기반을 두지 않기 때문에 그런 종류의 사고는 감정적으로 미성숙하고 스트레스가 많다. 자존감이 높은 사람들은 자신을 부풀릴 필요가 전혀 없다. 오히려 그들은 자신의 강점과 약점 모두를 정확하게 평가할 정도로 충분히 신뢰할 수 있다. 성장은 자신의 현재 발달 수준을 정직하게 인식하는 것으로 시작된다. 그 과정은 핵심 자기에 대한 진심에서 우러난 존중으로 이루어질 때 상당히 자기-긍정적이고 낙천적이 될 수가 있다.

다음 활동은 알코올 중독자 모임에서 사용된 **윤리 목록**에 근거한다. AA 회원들은 식료품점 주인이 선반들 목록을 자세히 조사할 때 정확히 거기에 무엇이 있고 무엇이 없는지를 센다는 것을 가르친다. 그는 판단하지 않는다. 단지 계산한다. 우리가 자신의 선반들 목록을 만들 때 우리는 핵심 자기를 판단하지 않고 단순히 헤아린다.

이 활동은 **사랑스럽고, 두려움이 없고, 정직한 윤리 목록**이라고 불린다. 사랑은 두려움을 몰아내기 때문에 그것은 **사랑하는** 것이다. 두려움 없이 사랑으로, 우리는 단순히 우리가 현재 어디에 서 있는지 알고 있다. 두려움은 어떤 사람이 자신의 핵심을 부정적으로 판단할 때 생긴다. 어떤 사람이 핵심에 대해서 나쁘다고 결론을 내리는 것보다 더 두려워할 것이 무엇이 있겠는가? 그것은 어떤 사람이 전적으로 항상 나쁘다는 것을 암시하기 때문에 '나쁘다'는 꼬리표는 비합리적이다. 좀 더 현실적인 관점은 어떤 사람이 핵심에서는 무한한 가치가 있지만, 다듬어지지 않은 면이 있다는 것이다. 우리가 강점 약점 모두를 정직하게 탐구하고 확인했기 때문에 목록은 **정직하고 윤리적**이다. 우리가 오직 약점만을 발견한다면 그것은 **비윤리적**인 목록이라고 불릴 것이다. 우리는 어떤 것이 나 자신에게 장기간 최선의 유익이 된 것이라면 윤리적이라고, 그렇지 않다면 비윤리적이라고 생각한다.

목록은 심리학자 아놀드 라자루스(Arnold Lazarus 1984)가 만든 사람들을 돕기 위한 다양한 접근법에서 각색한 BASIC MID 패턴을 따를 것이다. 이 접근법은 사람들이 삶의 8가지 차원에서 강점과 약점을 지니며, 각각의 차원은 BASIC MID(Behavior – 행동, Affect – 정서, Sensations – 감각, Imagery – 심상, Cognitions – 인지, Moral – 윤리, Interpersonal – 대인 관계, Drugs/Biology – 약물/생명 활동)의 머리글자로 표현된다. 강점들과 약점들을 나란히 보는 것은 우리의 약점에 균형을 잡아 주는 데 도움을 준다. 곧 우리는 약한 부분들을 강화되고 발전될 수 있는 다듬어지지 못한 것으로 본다. 그것들은 전체 핵심을 대표하는 것이 아니다. 각각의 BASIC MID 차원과 관련해서 성장하고 발달하는 길들이 있다. 현실을 인정하는 것은 자신의 방향과 목표를 명료하게 할 수 있다는 것을 기억하라.

윤리적 강점들의 목록

> 우리는 숨겨져 있지만 정직한 강점의 목록을 만들 수 있는데,
> 이런 맥락에서 우리 대부분은 정직하지 않은
> 장부 기재자이기 때문에 '외부 감사'가 필요하다.
>
> 닐 맥스웰(1976)

자기를 포함하여 인류에게 최선의 유익이 되도록 기여하기 때문에 윤리적 강점이라고 생각될 많은 특징들이 다음에 열거되어 있다.

1. 자신이 합리적인 수준(이를테면, 완벽함을 요구하는 것이 아니라)에서 그것들을(윤리적 강점) 보여 준다면 다음에 나오는 모든 특징에 체크하라.

____ 통합성   ____ 애정
____ 자비   ____ 사려 깊음/생각이 깊음
____ 사랑   ____ 다양성에 관대함
____ 덕   ____ 신뢰
____ 지식   ____ 윤리적 정결
____ 인내   ____ 의무감/책임감
____ 친절   ____ 자신의 명성을 관리
____ 겸손/결점들을 인정함   ____ 용서
____ 다른 사람들을 존중함   ____ 우정
____ 자신에 대한 존중   ____ 참회/적절한 슬픔
____ 정직   ____ 희망/낙관주의

_____ 도움이 됨   _____ 검약

_____ 지지   _____ 이타주의/봉사

_____ 나눔   _____ 고마움

_____ 온화함   _____ 감사

_____ 정중함/예의   _____ 신뢰성/약속을 지킴

2. 더 충분히 발달시킴으로써 자신의 성장이나 행복이 증진될 수 있는 위의 항목에 동그라미를 쳐라.

삶의 8가지 영역들을 평가하기

BASIC MID 검사와 계획표에서 당신은 다음 8가지 영역들에서 자신의 삶을 평가할 것이다. 당신에게 일반적인 패턴이 있다는 것을 명심하라. 우리들 대부분은 가끔씩 다음에 언급된 약점들의 많은 부분을 경험할 것이다.

1. **행동**은 하는 것(활동, 습관, 몸짓 또는 반응)을 포함한다. 강점은 다음과 같다. 정확함, 유쾌한 표정, 청결, 레크리에이션을 위한 시간 할애, 착실함, 신중한 화법, 매력적인 옷/단정한 차림새 또는 직장에서의 과업 완수 등이다. 약점은 다음과 같다. 도전들을 피하거나 물러서기, 미루기, 불쾌한 표정을 하거나 얼굴을 찡그림, 패배한 자세, 체계적이지 못함, 사람들을 통제함, 고함을 침, 침묵으로 대처함, 강박적인 행동, 참지 못하거나 무모하고 충동적인 행동 등이다.

2. **정서**는 경험한 느낌을 말한다. 강점은 낙천주의, 평화, 감사, 자신의 진가를 인정함, 자신이 가진 것에 대한 만족, 쾌활함 또는 고요함 등이다. 문제는 만성적 우울, 불안, 분노, 걱정, 두려움, 죄책감 또는 자기 미움 등이다.

3. **감각**은 오감을 말한다. 강점은 바람/맛/냄새/소리/장면을 즐기는 것을 포함할 수 있다. 문제/증상은 만성 두통, 긴장, 메스꺼움, 현기증, 위장 통증 또는 환경에 있는 아름다움이 아니라 부정적인 것들만 보는 것 등이다.

4. **심상**. 강점은 즐거운 미래 휴가를 떠 올리는 것, 즐거운 꿈을 꾸는 것 또는 어떤 사람이 숙고한 것을 이해하면서 즐거운 느낌을 경험하는 것이 될 수 있다.

5. **인지**. 문제가 왜곡되게 비쳐진다. 강점은 현실적인 낙관주의 또는 **그럼에도 불구하고 기술과 같은 인지 기술들**(5, 16, 21장 참조) 또는 인지 리허설(13장 참조)에 의해 생긴다(예를 들어 모든 것은 완벽하지 않지만, 즐길 수 있는, 그것을 통해 성장할 수 있는, 향상될 수 있는 어떤 것을 발견할 것이다).

6. **윤리**는 한 사람의 특성과 행동에 관한 것이다. 강점은 앞서 열거한 특징들 가운데 어떤 것을 포함할 수 있다. 약점은 반대의 것들이 될 수 있다.

7. **대인 관계**는 관계의 질을 묘사한다. 강점은 질 좋은 친밀한 관계들, 가족과 친구들을 최우선 순위로 하는 것, 함께 일하는 사람들 외의 사람들을 동료로 받아들이는 것 등을 포함한다. 부정적인 증상들은 친구가 없는 것, 공격성(욕설·폭력·비꼼 등), 자신을 실망시킨 사람들에게서 시종일관 떠나감 또는 자기주장을 하지 않음(이를테면 자신이 이용당하도록 허용하는) 등이다.

8. **약물/생명 활동**은 현재의 건강한 습관들에 관한 것이다. 자기 존중을 반영하는 것으로, 그로 인해 강점이 된 습관들은 적당한 휴식과 긴장 이완, 규칙적인 운동, 적절한 영양 섭취 등이 있다. 패스트푸드, 신경 안정제나 수면제의 지속적인 사용, 흡연 또는 약물 남용은 일반적으로 자신과 자신의 건강을 존중하지 않는 것을 반영한다.

사랑하는, 두려움이 없는, 탐구하는, 그리고 정직한 윤리 목록

1. BASIC MID 점검표와 계획서 목록에 있는 8가지 각각의 영역에 의거하여 강점과 현재 자신의 인생에서 잘 되고 있는 것을 보여 준다.

2. 현재 자기 삶에서 문제 영역들은 무엇인가? 스스로 만족하지 못하는 무언가를 알아차렸는가? 무엇이 자신에게 불만을 느끼게 하는지 알겠는가? BASIC MID의 각 영역에서 지금 현재 취약한 것들을 서술한다.

3. 현재의 삶에서 취약한 영역을 검토하면서, 자신이 그 영역들을 발달시킨다면 삶이 어떻게 될 것 같은가? 8개의 영역에서 자신의 삶을 묘사하라. 예를 들어, 내가 덜 불안해한다면 나는 무엇을 다르게 보고 다르게 듣겠는가? 관계들은 어떻게 달라질 것 같은가?

4. BASIC MID 각 영역에 의거해서 자신이 변하기 위해/성장하기 위해 할 수 있는 것을 표시하라. 제시된 가능성들은 강점을 강화하고 현재 더 취약한 영역들을 발달시킨다는 것에 주목하자. 이는 자신이 갖고 있는 최상의 창의적 사고들을 요할 수 있다. 약한 근육이 다양한 훈련으로 튼튼하게 되듯이, 각각의 약한 영역에는 발달시킬 수 있는 많은 방법들이 있다. 예를 들어, 건강한 습관들을 증진시키기 위해서 독서를 하거나 건강 클럽에 가입할 수 있고, 영양사를 고용하거나 노인들과 함께

걷는 프로그램을 시작할 수 있다. 불안 증상들을 줄이기 위해 호흡법과 근육 이완법을 배울 수 있으며 숙련된 정신 건강 전문가에게 도움을 청할 수도 있다. 과도한 화는 왜곡을 근절시키고, 자존감을 회복하고, 치유 기술을 적용하고, 용서하는 법을 배움으로써 줄어들 수 있다. 성장과 발달을 향한 많은 단계들이 스스로에 의해서 성취될 수 있다. 도움이 필요할 때를 알고 그 도움을 찾는 것은 건강한 자존감의 신호이다.

이 훈련을 완성할 때 흥미로운 깨달음들이 온다. 예를 들어, 알코올 중독은 윤리적인 문제인가? 우리가 그것을 중독으로 보고 중독된 사람의 핵심을 판단하지 않는다면 그것은 그렇지 않다. 그 사람의 행동이 가족과 자신에게 불리하게 영향을 준다고 생각한다면 그것은 그렇다. 그때 당신은 알코올 중독을 약물/생명 활동 영역 아래에 두겠는가, 아니면 윤리적 영역 아래에 두겠는가? 나 개인적인 견해로는, 이것은 중요한 문제가 아니다. 목록의 목적은 삶에 좋게 또는 나쁘게 영향을 미치는 영역들에 대한 인식을 높이는 데 도움을 준다. 8가지 영역 사이에 겹치는 부분이 있을 수 있기 때문에 강점이나 약점이 어떤 영역에서 나타나느냐는 중요하지 않다. 중요한 것은 단순히 그것들을 알고, 스스로 불완전하므로 핵심을 판단하거나 단죄하지 않는 것이다.

시간을 내서 목록을 완성하라. 3일 동안 곰곰이 생각하고 나면 그것에 다시 돌아오고 싶을지도 모른다.

5. 4번에서 작성한 것 가운데 하나, 곧 자신이 그 과정에서 진전을 보이며 즐거움과 만족을 얻었다고 확신하는 하나를 선택한다. 일주일 동안 이 영역에서 진전을 보이기 위해서 필요한 것을 하라.

6. 4번과 관련해서 자신이 어디에 있는지를 알기 위해서, 새로운 목표들을

생각하기 위해서 매달 이 계획서로 돌아올 것을 결심하라.

성장은 하룻밤 사이에 일어나지 않는다. 성장이 되지 않을 때 사람들은 실망한다. 하나의-초상화 비유로-자기에게 돌아가서, 걸작을 완성하는 데 수년이 걸린다고 생각하는 것이 도움이 된다. 그러나 이 경우에는 초상화가 결코 완성되지 않는다. 이 진화는 계속되는 과정이다.

BASIC MID 점검과 계획서
(사랑하는, 두려움이 없는, 탐구하는, 정직한 윤리 목록)

행동	정서	감각	심상	인지	윤리 (행동과 특성)	대인 관계	약물/ 생명 활동
				현재의 강점들			
				현재의 약점들(증상/문제들)			
				더 약한 영역들을 발달시킨다면 나의 삶은 어떻게 달라질 것인가?			
				변화/성장하기 위해서 무엇을 할 수 있는가?			

chapter 24

즐거움을 경험하라

삶의 가장 위대한 도전은 삶을 어떻게 즐기느냐이다.

나타니엘 브랜든 Nathaniel Branden

1970년과 1990년 사이에 미국인의 연평균 일하는 시간이 160시간 이상 늘어났고, 기술의 진보에도 불구하고 이러한 풍조에 상응하여 여가 시간이 줄어들었다. 시간이 부족할 때 사람들은 자신에게 즐거움을 주는 활동들을 포기하는 경향이 있다(레빈손Lewinsohn, 무노즈Munoz, 영렌Youngren, 차이스Zeiss 1986). 스트레스와 즐거움이 없는 결과로, 그들의 기분은 암울해진다. 점점 더 우울해질수록 사람들의 자존감은 점점 더 손상을 입고, 예전에 즐거운 활동들이 자신에게 기쁨을 가져다줄 것이라고 믿을 가능성이 더 줄어든다. 그래서 그들은 자신의 기분을 상승시켜 주고 자존감을 재형성할 수 있는 만족감을 주는 활동들을 하는 데 실패한다.

여가 시간이 없으므로 자신이 하는 일이나 받는 급료와는 별도로 자신을 규정하는 것이 더 어렵게 된다. 하버드 대학 경제학자 줄리엣 쇼(Juliet Schor 1991)는 영국 공장에 근무하는 노동자들이 불경기 때문에 타의로 초과 근무를 못하게 되었을 때 신체적·감정적으로 많이 회복되었다고 보고했다. 주말과 휴일을 포함해서 여가 시간이 주어졌을 때 우정은 발전했고 삶의 의미는 다시 더 확실해졌다. 돈에 대한 개념이 어느 정도 돈에 대한 긴장을 감소시켰다. 돌보아야 하는 가족이 있는 사람들이라도 거의 예외 없이 새로운 계획을 더 좋아한다.

그러니 "삶에서 즐거움을 발견하는 것은 성인들이 배우고, 다시 배우고, 강화시킬 필요가 있는 기술이다."라는 주장을 발전시켜 보자. 기술은 다양한 즐거운 방식으로 자신을 경험할 수 있도록 도와줌으로써 감정적 균형을 유지시켜 주고 자존감을 향상시켜 준다. 이는 일에서 기쁨을 발견할 수 없다거나 발견하지 못할 것이라는 말이 결코 아니다. 단지 현재의 문화에서는 사람을 일과 관련해서 너무 좁게 규정하려고 경향이 있다는 말이다. 다음의 활동을 통해서 당신은 당신 자신에게 즐거움을 주는 것이 무엇인지를 발견하거나 재발견할 것이다. 그리고 당신은 이 가운데 몇 가지를 해 볼 수 있는 계획을 짤 것이다.

즐거운 활동들의 일람표를 만들어라

다음 활동은 피터 레빈손과 그의 동료들이 발전시킨 것이다(Peter Lewinsohn 1986).

1. 다음에 나오는 **즐거운 일들의 일정표**는 광범위한 활동들을 목록화한다. 1열에서는 과거에 즐겼던 활동들을 체크하라. 그다음 각각의 체크된 항목이 얼마나 즐거웠는지 1에서 10까지 등급을 매긴다. 1점은 즐거움이

거의 없는, 10점은 매우 즐거움을 반영한다. 이 등급 매기기는 1열 각 체크 부호 옆에 한다. 예를 들어, 행복한 사람들과 함께하는 것을 중간 정도를 즐겼고, 반면에 친구들/친척들과 함께하는 것을 즐기지 않았다면 첫 번째 두 항목은 다음과 같이 할 수 있다.

✔ (5) ____ 1. 행복한 사람들과 함께하기
____ ____ 2. 친구들/친척들과 함께하기

즐거운 일들의 일정표
사회적인 상호 작용

이러한 일들은 다른 사람들과 함께 일어난다. 그들은 우리가 수용, 감사, 좋아함, 이해 등을 느끼게 한다. 활동은 다른 그룹(뒤따르는)에 속한다고 당신을 느끼게 할지도 모른다. 모임이 중요한 것은 아니다.

1열 2열

____ ____ 1. 행복한 사람들과 함께하기
____ ____ 2. 친구들/친척들과 함께하기
____ ____ 3. 내가 좋아하는 사람들에 대해 생각하기
____ ____ 4. 내가 돌보는 사람들과 활동 계획 짜기
____ ____ 5. 동성의 새로운 사람 만나기
____ ____ 6. 이성의 새로운 사람 만나기
____ ____ 7. 클럽, 식당, 선술집 등등에 가기
____ ____ 8. 축하식(생일, 결혼식, 세례식, 파티, 가족 모임, 등) 참석하기
____ ____ 9. 점심이나 술을 마시기 위해 친구를 만나기

_____ _____ 10. 마음을 열고 진솔하게 이야기하기
 (희망, 두려움, 관심사, 웃게 만드는 것, 슬프게 하는 것 등에 대해)

_____ _____ 11. 진실한 애정 표현하기(말로나 신체적으로)

_____ _____ 12. 다른 사람에게 관심 보여 주기

_____ _____ 13. 가족과 친구들 안에서 성공과 강점들을 알아채기

_____ _____ 14. 데이트하기, 구애하기(이는 기혼자들에게도 해당한다)

_____ _____ 15. 활발한 대화하기

_____ _____ 16. 친구들을 초대하기

_____ _____ 17. 친구들을 방문하러 잠깐 들르기

_____ _____ 18. 즐겁게 지내는 누군가에게 전화하기

_____ _____ 19. 사과하기

_____ _____ 20. 사람들 보고 미소 짓기

_____ _____ 21. 함께 살고 있는 사람들과 문제들에 대해서 조용히 이야기하기

_____ _____ 22. 칭찬, 찬사, 격려하기

_____ _____ 23. 장난하기, 정감 어린 농담하기

_____ _____ 24. 사람들을 즐겁게 해주거나 웃게 만들기

_____ _____ 25. 아이들과 놀기

_____ _____ 26. 다른 것 _____

당신을 능력 있게, 사랑스럽게, 도움이 되게, 강하게 또는 적합하게 하는 활동들

1열   2열

____   ____   1. 도전하는 일을 시작하거나 그것을 잘해 내기

____   ____   2. 새로운 어떤 것(새는 곳 고치기, 새 취미, 외국어) 배우기

____   ____   3. 누군가를 돕기(상담, 조언, 경청)

____   ____   4. 종교, 자선 또는 다른 단체들에 기여하기

____   ____   5. 능숙하게 운전하기

____   ____   6. 나 자신을 확실하게(큰 소리로 또는 글로) 표현하기

____   ____   7. 수리하기(바느질하기, 자동차나 자전거 고치기 등)

____   ____   8. 문제나 수수께끼 풀기

____   ____   9. 운동하기

____   ____ 10. 생각하기

____   ____ 11. 모임(협의회, 사업, 관청)에 가기

____   ____ 12. 병자, 집에 갇힌 사람, 곤란한 사람들 방문하기

____   ____ 13. 아이에게 이야기 들려주기

____   ____ 14. 카드 · 쪽지 · 편지 쓰기

____   ____ 15. 외모 가꾸기(의료·치과의 도움 청하기, 식습관 향상시키기, 이발소나 미용실 가기)

____   ____ 16. 시간 계획 짜기

____   ____ 17. 정치적 쟁점 토론하기

____   ____ 18. 자원봉사, 공동체 봉사 등하기

_____ _____ 19. 예산 짜기

_____ _____ 20. 부정에 저항하기, 누군가를 보호하기, 속임수나 남용 멈추기

_____ _____ 21. 정직하기, 윤리적으로 되기 등

_____ _____ 22. 실수 교정하기

_____ _____ 23. 파티 준비하기

_____ _____ 24. 다른 것 _____

본질적으로 즐거운 활동들

1열   2열

_____ _____ 1. 웃기

_____ _____ 2. 긴장 이완하기, 평온하고 고요하게 있기

_____ _____ 3. 맛있는 식사하기

_____ _____ 4. 취미(요리·낚시·목공예·사진·연기·정원 가꾸기·물건 수집)

_____ _____ 5. 좋은 음악 듣기

_____ _____ 6. 아름다운 경치 보기

_____ _____ 7. 일찍 잠자리에 들기, 숙면 취하기, 일찍 일어나기

_____ _____ 8. 매력적인 옷 입기

_____ _____ 9. 편안한 옷 입기

_____ _____ 10. 콘서트, 오페라, 발레 또는 연극 보러 가기

_____ _____ 11. 스포츠 하기(테니스·소프트볼·라켓볼·골프·원반 던지기)

_____ _____ 12. 여행이나 휴가 가기

_____ _____ 13. 자신을 위해 쇼핑이나 좋아하는 물건 사기

_____ _____ 14. 바깥으로 나가기(해변, 시골, 산, 낙엽 밟기, 모래 걷기, 호수 산책)

_____ _____ 15. 예술적 제작 활동하기(색칠하기, 조각, 그림 그리기)

_____ _____ 16. 성경이나 다른 성스러운 작품 읽기

_____ _____ 17. 아름답게 집 꾸미기(개조·청소·정원 손질 등)

_____ _____ 18. 스포츠 경기 관람하기

_____ _____ 19. 독서(소설·시, 희곡·신문 등)

_____ _____ 20. 강연에 참석하기

_____ _____ 21. 운전하기

_____ _____ 22. 태양 아래 앉아 있기

_____ _____ 23. 박물관 방문하기

_____ _____ 24. 음악을 연주하거나 노래하기

_____ _____ 25. 보트 타기

_____ _____ 26. 가족, 친구, 고용주 기쁘게 하기

_____ _____ 27. 미래에 어떤 좋은 것에 대해 생각하기

_____ _____ 28. TV 보기

_____ _____ 29. 캠핑·사냥 하기

_____ _____ 30. 차림새 정돈하기(목욕, 머리 빗질하기, 면도)

_____ _____ 31. 일기/일지 쓰기

_____ _____ 32. 자전거 타기, 도보 여행 또는 걷기

_____ _____ 33. 동물들과 함께 지내기

_____ _____ 34. 사람들을 바라보기

_____ _____ 35. 낮잠 자기

_____ _____ 36. 자연의 소리 듣기

_____ _____ 37. 등 마사지를 받거나 해 주기

_____ _____ 38. 폭풍, 구름, 하늘 바라보기

_____ _____ 39. 여가 시간 갖기

_____ _____ 40. 몽상하기

_____ _____ 41. 삶에서 주님의 현존 느끼기, 기도하기, 찬양하기

_____ _____ 42. 꽃향기 맡기

_____ _____ 43. 지난날들이나 특별한 관심사들에 대해 이야기하기

_____ _____ 44. 경매나 중고 물품 세일 등에 가기

_____ _____ 45. 여행하기

_____ _____ 46. 다른 것

2. 그다음, 당신이 지난 30일 안에 그 일을 했다면 2열에 체크를 하라.

3. 자신이 아마도 즐겼을(좋은 날에) 많은 일들에 동그라미를 친다.

4. 1열과 2열을 비교한다. 과거에 즐겨 했는데 지금은 자주 하지 않는 항목이 많이 있는지 주목한다.

5. 완성된 즐거운 일 계획표를 이용해, 가장 많이 즐겼다고 느끼는 25개의 활동 목록을 만든다.

6. 더 즐거운 활동들을 하기 위한 계획을 세워라. 가장 단순하고 가장 즐길 가능성이 있는 것들로 시작하라. 당신이 적절하게 할 수 있는 만큼의 즐거운 일들을 많이 하라. 최소한 매일 하나를 하고, 주말에는 더 많은 것을 할 것을 제안한다. 당신의 계획을 달력에 써서, 작성한 계획을 최소한 두 주 동안 이행하라. 당신이 활동을 할 때마다, 즐거운 정도에 따라 1에서 5까지 등급(5는 아주 높은 즐거움이다)을 매겨라. 이것은 스트레스로 유

발된 기쁨이 전혀 없는 왜곡을 시험한다. 이러한 등급 매기기는 또한 나중에 덜 즐거운 활동들을 다른 것들로 대체하는 데 도움을 줄 수 있다.

다음에 주목하라. 우울하다면, 특히 전에 당신이 아주 우울했을 때 그것들을 시도했는데 즐기지 못했다면, 옛날에 즐기던 활동들이 지금은 즐기기가 아주 힘들다는 것은 당연한 일이다. 당신은 "내가 가장 좋아하는 활동도 즐길 수 없다."고 말하며, 훨씬 더 우울하게 느끼게 될 것이다. 우울함이 사라질 때 이러한 사건들은 다시 즐거움이 될 것이다. 지금은 다른 단순한 활동들로 시작하라. 당신이 기분이 좋아질 때 점차적으로 당신이 옛날에 했던 아주 좋아하는 것들을 시도해 보라.

즐거움에 관한 몇 가지 정보들

- 육체적 세계에 채널을 맞춘다. 생각에 몰두하지 않는다. 바람을 느끼거나 세차를 할 때 비누 거품을 느껴 본다. 보고 들어 본다.
- 이벤트를 하기에 앞서, 그것을 통해 자신을 즐기려고 하자. 그것에 관해 자신이 즐길 세 가지를 확인한다. '나는 즐길 것이다(태양, 산들바람, 동생과 이야기하는 것 등).'라고 말한다. 긴장을 풀고 각각의 진술을 반복하면서 그 활동의 각 측면을 즐기는 것을 상상한다.
- '이 활동을 즐기기 위해 나는 무엇을 할 것인가?'라고 스스로에게 물어본다.
- 자신이 하고자 하는 어떤 활동을 즐길 수 없을 것 같은 염려가 든다면 새로이 시작한다. 자신의 목표에 확실하게 도달할 때 만족할 수 있도록 작은 것을 생각한다. 예를 들어, 10분 동안만 집을 청소하는 것으로 시작하고, 그다음 멈춘다. "잘했어!"라고 자신을 격려하며 상을 준다.
- 균형을 유지하기 위해 자신의 스케줄을 체크한다. '원하는 것들'에게 양보

하기 위해서 '필요한 것들'을 미룰 수 있는가?
- 시간은 제한되어 있다. 그러므로 시간을 현명하게 이용한다. 단순히 편리하다는 이유로 싫어하는 활동들을 할 필요는 없다.

삶을 가치 있게 하는 작은 것들

(마크 파틴킨Mark Patinkin, 신문 칼럼니스트, *Providence Journal-Bulletin*)

나는 최근에 내 주변에서 있었던, 자동차 장식 번호판이며 2파운드밖에 안 되는 개들의 짖어 댐, 영화관에서의 끈끈한 바닥 등 정말 짜증나게 하는 작은 일들에 대해 칼럼을 썼다. 그 후, 몇 가지 덜 짜증나는 일들이 내게 다른 것에도 상응한 시간을 할애하라고 요구했다. 그래서 오늘 두 번째 목록을 만든다.
- 가을에 낙엽 타는 냄새
- 몸이 얼어 있을 때의 뜨거운 샤워
- 현관문에 배달된 피자
- 붐비는 슈퍼마켓에서 새로 빈 계산대를 알려 주는 계산원을 제일 먼저 보는 것
- 자동 제빙기
- 6개월에 한 번쯤 세 살 난 아기가 아침 7시 30분에 실제로 잠을 자는 어느 아침.
- 서비스 부서에서 "전혀 문제가 되지 않아요. 그것은 보증이 돼요."

라는 말을 듣는 것
- 저녁을 먹으려고 식탁에 앉으려는 순간 전화벨이 울리는데, 바로 그때 응답기를 틀어 놓은 것을 깨닫는 것.
- 타월 조직 목욕 가운
- 야구장에 걸어 들어갈 때 느껴지는 갓 깎은 잔디, 그리고 팝콘 등이 뒤섞인 냄새
- 당신이 슬픔을 감지하고 기분 좋게 해 주려고 다가오는 개들
- 룸서비스
- 생기가 없는 관목들도 완전히 선명한 색채가 되는 2주간의 봄
- 신문을 읽는 것 외에는 아무 계획도 없는 주일 아침
- 오헤어O'Hare 공항에서 탈 비행기가 322번이 아니라 1번 게이트라는 것을 알게 된 것
- 데워진 수영장
- 반대 방향은 5마일 정도 교통 체증인데, 당신은 고속도로를 기분 좋게 달리는 것
- 나무 배트에 맞아 딱딱한 볼이 깨지는 것
- 햇빛이 비치는 날의 동물원
- 저녁 7시 30분에 지평선 바로 위에 뜬 저녁 식사용 접시 크기로 보이는 보름달
- 식당 문 바로 앞에 주차 공간이 있는 것
- 1시간 만에 완성된 사진

- 더 이상 못 참겠다고 결심하고 나서 달력을 확인하는데, 다음 5일 동안 밤에는 예약된 것이 하나도 없다는 것을 알게 되는 것
- 완벽한 V 자형으로 머리 위를 날아가는 기러기 떼
- 전에 본 적이 있는 밝게 빛나는 별들을 올려다보면서 시골 잔디 위에 누워 있기
- 전자레인지로 요리한 팝콘
- 일반석 표를 너무 많이 팔아서 당신을 일등석으로 옮겨 주겠다고 설명하는 항공사 담당자
- 앞좌석에서 생생한 야구 게임을 보면서 핫도그 먹기
- 피같이 붉은 색깔의 가을 낙엽
- 더운 날의 서늘한 산들바람
- 공항에서 수화물이 나오기를 기다리는데, 컨베이어에서 첫 번째로 나온 당신의 가방

삶의 사랑스러움에 감사하며 이러한 일들을 즐겼다면 아마도 바버라 앤 키퍼의 행복하게 하는 14,000가지 것들(Barbara Ann Kipfer, *14,000 Things to Be Happy About*) 또한 즐길 것이다.

chapter 25

실패에 대비하라

이제 자존감을 형성하기 위한 상당히 많은 기술들을 익혔다. 우리의 자존감이 얼마나 안전한지와는 상관없이, 두드러진 '실패'나 불행한 사건으로 인해 자존감이 '날아가 버릴 수' 있는 가능성은 여전히 있다. 그래서 '실패들'을 잘 극복할 수 있는 기술을 발달시키는(필연적으로 오게 될 삶의 폭풍우가 몰아닥치는 동안 자존감을 강하고 안전하게 지킬 수 있는) 것이 필수적이다. 여러 가지 면에서 이번 활동은 재음미이다. 우선 예비 평가를 해 보자.

1. 사람들(자기 자신을 포함해서)이 실패하는 것들은 무엇인가?

2. '실패'는 무엇을 의미하는가?

3. 실패하는 동안, 실패하기 전에, 실패한 후에 '실패'에 대처하는 데 도움을 얻기 위해 무슨 작업을 했는가?

사람들은 무엇에 '실패'하는가? 성인들이 말하는 몇 가지 답들이 있다.
- 일
- 결혼
- 양육
- 학교
- 이상적인 몸무게에 도달하는 것
- 금연
- 윤리적 기준들을 지키는 것
- 재미있는 시간을 갖는 것
- 목표에 도달하는 것

다른 것들에 대해 생각해 보았는가?

'실패'는 무엇을 의미하는가? 성인들이 하는 몇 가지 답들은 다음을 포함한다.
- 아무도 당신을 사랑하지 않는다.
- 거부
- 나는 전혀 좋지 않다.
- 자존감을 유지하지 못한다.
- 나는 인간이다.

과거에 한 '실패'에 대처하는 데 도움을 얻기 위해 무슨 작업을 했는가? 어떤 사람은 그것에 대해 상의하고, 자신에게 실패를 허용하고, 자기 자신을 용서하고, 세월이 지나면 아무 문제가 되지 않을 거라는 것을 깨닫고, 진로를 바꾸라고 말한다.

사람들이 실패를 바라보는 방식과 그것에 대처하는 능력이 매우 다르다는 사실을 이해하고 있는가?

완벽에로 접근하기

이전에 탐구했던 몇몇 개념들을 확장시키는 방식으로 '실패'를 바라보자.

완벽은 패배나 결함 없이 완전하게 되고 완성되었다는 의미이다. 인간은 오류를 잘 범할 수 있기 때문에 우리는 완벽에 접근할 수 있을 뿐이다. **목표/성공**은 우리가 행복, 위로 또는 성장을 위해 원하는 어떤 것에 도달한다는 것을 말한다. 인간은 늘 되어 가는 과정에 있기 때문에 목표는 얼마간 완벽의 왼쪽에 놓여진다. 수입의 5%를 저축하는 목표를 설정하고 그 목표에 완벽하게 도달할 수 있다고 말할 수 있다. 그러나 단순히 양적 노력은 별도로 하고, 목표는 일반적으로 불완전하게 성취된다. 곧 우리가 아무리 잘 성취한다고 해도 개선은 관념적으로 이루어질지 모른다. **완벽하다는 것**은 완벽에 좀 더 가까이 가는 것을 의미한다. 이것은 우리가 목표에 도달하려고 시도할 때 또는 목표에 도달한 후에 일어날 수 있다.

그들이 "나는 나의 목표에 도달하지 못했어." "나는 나의 목표에 미치지 못했어." "나는 실수했어." 등의 뜻으로 말할 때 사람들은 "나는 실패자야."(이것은 "나는 항상 그리고 모든 면에서 실패해."라는 의미이다)라고 불분명하게 말한다. 우리의 이해를 높이기 위해서 휴버트 험프리Hubert H. Humphrey의 인용을 약간 바꾸어 보면 이렇다. "실패와 패배 사이에는 큰 차이가 있다. 실패는 당신이 패배했는데 (결코) 아무것도 배우지 못하고 어떤 것에 기여하지도 못할 때이다."

실패작들 다루기

실패자라는 꼬리표를 이용하기보다 나는 불행한 사건/행동, 못 미치는 것, 실수 등을 언급하기 위해서 '실패작'이라는 말을 더 좋아한다. 실패보다 실패작은 덜 심각하게, 덜 영구적으로 들린다. 그것은 핵심이 아니라, 외적인 것을 지칭하기 때문이다.

기술-형성 활동으로 가기 전에 또 하나의 개념을 되돌아보자. 연구는 20대에 비관적인 사고방식을 고수했던 사람들이 40대와 50대가 되었을 때 신체적으로 건강하지 못하다는 것을 입증했다(피터슨Peterson, 셀리그먼Seligman, 베일런트Vaillant 1988). 불행한 사건이 일어났을 때 비관적인 사람들은 자신의 결함으로 보고, 자신이 결코 좋아지지 않을 거라고 믿고, 삶의 모든 영역에서 불운이 흘러넘칠 거라고 믿는 경향이 있다. 예를 들어, 수학 시험에서 실패한 후에 비관주의자는 "그게 바로 나야. 나는 실패자란 말이야. 나는 항상 수학 시험을 망쳐. 중요한 일들이 일어날 때마다 나는 참으로 재수가 없어."라고 생각한다. 반면에, 몇 년 후에 신체적 건강이 더 좋아진 낙천주의자들은 "나는 그날 몸이 좋지 않았어. 그것은 한 번 일어난 일이지. 그것이 나의 삶을 망치지는 않을 거야."라고 생각한다. 유사한 사고방식이 시간이 경과한 후에 다시 빠져드는 약물 중독자와 비슷한 좌절에서 회복한 사람들을 쉽게 구별해 준다. 이러한 연구에서 우리는 좌절을 다루는 어떤 지침을 만들 수 있다.

1. 실수들을 인정하라. 책임을 부인하지 말고, 치료하기 위한 행동들(당신이 해야 할 필요가 있는 것)에 초점을 맞춘다.

2. 사건을 다시 구성한다. 자존감을 손상시키고 동기 부여를 약화시키는 자기 단죄 대신에, 외적인 것들에 초점을 맞춘다. 예를 들어, "내가 어디가 잘못되었지?"(대답은 쉽다. 우리는 불완전하다!)라고 생각하는 대신에 외적인 것들에 초점을 맞춘다(피곤, 완벽하지 않은 준비, 경험 부족 등).

어떤 것을 완전한 실패로 생각하는 대신에 다른 가능성이 있을 수 있다는 것을 상기한다. '실패작'을 경험한 후에 자신에게 다음 질문을 한다.

- 어떤 일들이 잘되었는가?
- 내가 원했던 것을 얻지 못해 생긴 유익들은 무엇인가?
- 이것을 통해 나는 어떤 대처 기술들을 배울 수 있었는가?
- 내가 주의를 기울이지 않았던 임박한 위기의 징후들이 있었는가?
- 비슷한 일이 다시 일어난다면 사전에 그러한 징후에 주의를 기울이기 위

해 무엇을 할 수 있겠는가?

실패작 예방 접종: 훈련

위와 같은 지침들은 도움이 될 수 있다. 이제 그것을 연습해 보자. 다음 훈련은 심리학자 도널드 마이켄바움(Donald Meichenbaum 1985)이 개발한 스트레스 예방 접종Stress Inoculation에서 가져왔다. 그는 사람들이 스트레스가 많은 일들을 마주하기 전, 마주하는 동안, 마주한 후 생각하고 행동할 것을 연습함으로써 스트레스에 대비할 수 있다고 말한다. 작고 안전한 한 번의 가상 스트레스에 노출되는 것은 병을 예방할 수 있는 작은 주사액과 똑같이 우리를 '예방 접종'해 줄 수 있다. 스트레스가 많은 일은 '실패작'이 될 가능성이 있다(이를테면, 목표에 못 미치거나 실수하는 것, 일을 서투르게 하거나 비판받을 때 자존감 기술을 이용하는 것을 잊어버리는 등).

1단계

실수/걸림돌에 관해 대처하는 레퍼토리의 일부로 선택한다면 자신에게 효력이 있을 만한 진술에 체크한다.

이전

____ 성공은 재미있을 것이다. 그러나 성공을 못한다고
세상이 끝나는 것은 아니다.

____ 이 일은 내게 새롭다. 그래서 요령을 터득할 때까지
더 주의를 기울일 것이다.

___ 나는 이를 문제나 위협이 아니라, 새로운 도전으로 본다.

___ 이것은 문제가 아니라 선물(기회, 모험 또는 도전)이다(마더 데레사).

___ 나는 이를 두려움이나 자기-의심이 아니라,

호기심을 갖고 접근할 것이다.

___ 나는 좋은 일을 하려고 노력할 것이다. 완벽주의로

이 경험을 망치지 않을 것이다.

___ 나는 이것을 시도하는 데 어느 누구 못지않은 권리를 갖고 있다.

___ 나는 조금씩 단계를 밟아 성공할 것을 기대한다.

나는 나 자신에 대한 전부가 아니면 아무것도 아니라는 식의

요구들을 묵살할 것이다.

___ 나는 모든 사실과 결과에 대한 절대적 확신 없이도

착수할 것이고, 그것으로 됐다.

___ 나에게는 최상의 것을 결정할 권리, 그리고 사과하지 않고

자신감을 갖고 나의 결정들을 이행할 권리가 있다.

___ 내가 하는 행동의 예상되는 결과들을 차분하게 시험한다.

___ 실수들에 관해서 초조해하지 않는다면 나는 더 창의적이 될 것이다.

___ 나의 초점은 실수가 아니라 발달하는 것에 있다.

___ 시도하다가 '실패하는 것'은 괜찮다.

___ 나는 최상이라고 보이는 과정을 선택할 것이다.

___ 나는 긴장을 풀고 다른 접근법과 예상되는 결과들을 생각할 것이다.

그런 다음 내가 할 수 있는 최상의 선택을 할 것이다.

___ 나는 낙천적이고 모든 가능성들에 열려 있다.

___ 이 도전은 나에게 무엇을 요구할까?

나는 현실적으로 무엇을 할 수 있을까?

____ 잘하기 위해서 완벽해질 필요는 없다.

____ 과정 중에 노력하고 늘려 나가는 것은 재미있을 것이다.

____ 나의 가치는 내면에서 나오기 때문에

나는 위험과 목표에 못 미치는 것을 두려워하지 않는다.

____ 일어날 수 있는 가장 최악의 것은 무엇일까?

동안

____ 이것은 어렵다. 긴장을 풀고 일에 집중하자.

____ 차근차근 그것을 받아들이자. 작은 성공들에 기분이 좋아진다.

____ 일들이 완벽하지 않은 것은 아주 나쁘지만,

그렇다고 그것들이 파국은 아니다.

____ 모든 사람이 실수를 하고 다듬어지지 않는 부분을 갖고 있다.

왜 내가 그렇지 않다고 생각해야 하는가?

____ 이러한 불완전함을 뛰어넘어 모양을 다듬으려는

나의 탐구는 아주 중요하다.

____ 긴장을 풀고 과정, 결함, 그리고 모든 것을 즐기자.

____ 나는 신이 아니다. 나는 인간이다. 불완전한 것은 당연하다.

나는 최선을 다할 것이다.

____ 나는 과정에 초점을 맞춘다. 그 자체에 주의를 기울인다.

____ 나는 한 번에 한 단계씩 밟아 나갈 것이다.

____ 유머를 잊지 마라. 유머는 내가 바라는 만큼 위대하지도 않으며

사람들이 생각하는 만큼 나쁘지도 않다는 것을 상기시켜 준다.

____ 이것은 나의 현재의 한계를 알려 준다.

이후

____ 나는 약점을 가지고 있었다. 그건 그때고 지금은 지금이다.

____ 나는 그 일에 대해서는 초보자다.

초보자들은 가끔 실수를 예상해야 한다.

____ 그것은 내 삶의 여정에 이정표가 아니다.

____ 나는 희망에 찬 사람이다.

____ 나는 상황을 이해하는 데 책임이 있지만, 반드시 잘못에

책임을 질 필요는 없으며, 결코 나 자신을 단죄하지 않는다.

____ 나의 행동과 판단은 나빴다. 그러나 **내가** 나쁜 것은 아니다.

____ 괜찮다. 지금은 어떻지? 지금 나는 무엇을 선택할 것인가?

____ 그것은 나의 약점을 드러내 주었다. 그것은 나의 일부분이지,

나의 전부가 아니다.

____ 약한 부분들은 다듬어지지 않는 것들이다. 핵심에서 나는 가치가 있다.

____ 나는 그것 때문에 나 자신을 사랑한다.

____ 나는 이 기간 내내 친구가 되기 위해서, 혼자 조용히 여기에 있다.

____ 내가 불완전할 때(이것은 성장을 위한 나의 기반이다) 나 자신을

사랑할 용기를 갖는다.

____ 무슨 일이 일어났든지 나는 여전히 가치 있고 귀중하고 독특하다.

____ 나는 때때로 내 방식을 인정한다. 그것이 나를 실망시킨다 해도

그것에 관해 무언가를 할 수 있다.

____ 나는 가끔 나라는 사람의 됨됨이를 받아들인다.

그래서 나의 그러한 불완전한 부분도 사랑한다.

이 사랑이 그 영역에서 성장할 수 있는 보증이 된다.

____ 그것이 나쁘게 보였더라도 괜찮은 부분도 있었다.

나는 지혜와 경험을 얻었다.

____ 나는 더 행복해지기 위해서 나의 방침을 바꿀 거다.

____ 나는 가르침을 잘 따른다. 나는 변하고 성장할 수 있다.

____ 나는 나의 미래를 발전시켜 나갈 수 있다.

____ 나는 과거의 경험을 바탕으로 그것들을 강점으로 전환시킬 수 있다.

____ 내게는 매일 좋아지고 발전할 수 있는 권리가 있다.

____ 나는 실수를 할 권리가 있다. 나는 인간으로 할 수 있는 만큼

그것들을 인정하고 고치는 데 적합하다.

____ 이것은 지나갈 거다.

____ 이것은 내가 더 낫게, 더 현명하게, 더 강하게 되는 데 도움을 줄 거다.

____ 나는 나의 진로를 수정할 권리를 갖고 있다.

____ 이 실수는 내가 무엇을 하고 있는지 볼 수 있는,

그리고 내가 무엇을 수정하기를 원하는지 이해할 수 있는 통로다.

____ 이것은 실제로 실패가 아니라, 성공을 향한 노력이다(베이브 루스Babe Ruth).

____ '실패작' 대신에 나쁜 선택, 나쁜 판단, 부주의로 인한 실수,

잘못된 시작, 순간적으로 길을 잃음, 일시적인 상황

변화 또는 빗나감으로 생각한다.

____ 나는 이것으로부터 배우고, 그다음에 개선할 요건을 갖추고 있다.

____ 실수들은 내가 개선하고/수정할 것과 제대로 되지 않은 것이

무엇인지 보여 준다.

____ 나는 다음에 더 지혜롭게 대처할 거다.

____ 실수들은 다른 모든 사람들과 마찬가지로 나를 인간으로,
오류를 범할 수 있는 사람으로 만든다.

____ 그래, 내가 어설픈 솜씨로 그것을 망쳤다.
처음에 성공하지 못하더라도 괜찮다.

____ 그래, 그렇게 내가 그 시간의 10%를 망쳤다.
나머지 시간에는 꽤 잘할 수 있다.

____ 내가 아직 그것을 보지 못한다고 하더라도 그것에는 밝은 면이 있다.

____ 내가 그런 터무니없는 일을 할 수 있다는 것,
그런데 여전히 희망을 가질 수 있다는 게 대단하지 않은가?

____ 내가 가끔 약점이나 불완전함에 대해 나 자신을
전체적으로 비난하는 것은 흥미로운 것이 아닌가?

____ 나는 실수를 했다. 그렇다고 나 자신이 실수는 아니다.

____ 나는 내가 저지른 실수 이상이다.
내 삶의 역사에는 이보다 더 많은 것이 있다.

____ 내가 잘못했다. 지금 곧바로 좋은 패턴으로 돌아가고 있는 중이다.

____ 나는 전에 그것을 해 봤다. 나는 다시 할 거다.

____ 나는 상황이 개선되리라고 믿는다.

____ 괜찮다. 내가 이것을 처리했다. 나는 다른 도전들도 처리할 수 있다.

____ 이것이 세상의 끝은 아니다.

____ 내가 추락한 것이 나의 끝은 아니다.

____ 내일 태양은 떠오를 거다.

____ 엎질러진 우유를 보고 울어도 소용없다. 그것은 다리 밑의 물이다.

___ 그 누구도 완전히 포기하지 않는다면 '실패자'가 아니다.

___ 나는 두 번 패배하지는 않을 거다. 한 번은 환경에 의해, 한 번은 나 자신에 의해서(로웰 베니언Lowell Bennion).

___ 결국 나는 개선될 거다. 또 다른 기회가 있을 거다.

___ 이것은 어렵고 복잡한 일이었다. 그것은 _____

(내 경험 미숙, 지도·도움 부족, 소음, 날씨, 기온, 방해, 내키지 않음 또는 다른 어떤 정확한 요소)에 의해 더 어렵게 되었다.

___ 다음에 나는 무엇을 배울 것인가?

___ 내가 모든 것을 통제한다는 것은 가능하지 않다.

___ 실패는 사건이지, 결코 사람이 아니다(윌리엄 브라운Dr. William D. Brown).

___ 물론 나는 지금 정말로 무언가를 배울 거다.

(헤럴드 독 에저턴Harold "Doc" Edgerton)

___ 실패가 마지막은 아니다. 다시 시작하자.

___ 지금부터 몇 년 후 어느 누가 이에 대해 신경을 쓰겠는가?

2단계

다음으로는 자신이 한 행동이 목표에 못 미치기 이전, 못 미치는 동안, 못 미친 이후 자신에게 한 기억하기 가장 좋은 15가지 진술들(이전에 다섯 가지, 동안에 다섯 가지, 이후에 다섯 가지)을 적어 본다. 위의 목록에서 나온 진술이 아니어도 좋다.

'이전' 진술들

1.

2.

3.

4.

5.

'동안' 진술

1.

2.

3.

4.

5.

'이후' 진술들

1.

2.

3.

4.

5.

다음 3일 동안 매일 '실패할 가능성'을 가지고 사건을 선택한다. 15분 정도 시간을 내서 '실패하기 이전, 실패하는 동안, 실패한 이후 자신이 생각할 것을 정신적으로 예행연습한다.

가장 재미있고 심오한 현실적인 낙천주의와 실패에 대처하는 법을 보려면 수스 박사의 '아, 당신이 갈 장소들'(Dr. Seuss, *Oh, The Places You'll Go!*, 1990)을 읽어 보라.

chapter 26

성장에 대한 개관

이 부분에서 우리는 자존감의 세 번째 블록, 성장과 관련한 중요한 생각과 기술을 탐구해 왔다. 당신이 배우고 훈련한 중요한 점들과 기술들을 재음미해 보자.

적극적인 생각들

- 성장은 계속되는 과정이며, 결코 완성될 수 없다.
- 성장 과정은 사랑의 방식이다. 그것은 가치와 사랑의 안전한 내면의 기반에서 시작하기 때문에 그렇다.
- 감정적으로, 과정은 "나는 내면으로 기쁘고, 성장하는 것에 두려움이 없다."라고 말한다.

- 성장(향상)은 어렵다. 어려운 작업임을 알아야 한다.
- 성장은 경쟁하거나 비교하는 것이 아니다. 자신의 과정과 속도를 선택할 수 있다. 체중 조절 계획 및 훈련과 더불어, 일생에 걸쳐 유지될 수 있는 속도를 선택하는 것이 현명하다.
- 성장은 자신과 더불어 다른 사람들을 향상시키는 것을 의미한다.
- 성장은 향상시키는 원리들과 즐거움에서 기인한다.
- 성장은 도착하는 것이 아니라 계단을 오르는 것이기 때문에 자존감을 경험하기 위해서 도착할 필요는 없다. 다만 속으로 자신이 궤도에 있고 앞으로 나아가고 있다는 것을 알기만 하면 된다.

습득된 기술들

1. **나는 완전하지 않지만, 그럼에도 불구하고⋯ 기술**
2. **그냥 재미로 하기**(가능성들을 주의 깊게 살펴보기)
3. **사랑하는, 두려움이 없는, 탐구하는, 그리고 정직한 윤리 목록**
4. **즐거운 활동들 일정표 만들기**
5. **실패작 예방 접종**

이러한 중요한 생각과 기술의 강화를 위해 잠시 다음 질문에 응답할 시간을 갖자. 먼저 지금까지 해 온 것을 재음미하기 위해서 이 부분의 앞쪽으로 돌아갈 수 있다.

1. 어떤 생각들이 자신에게 가장 의미가 있었는가?

2. 되돌아가 다시 사용하기를 원하는 기술은 어떤 것들인가?

3. 지금 당장 필요한 것은 무엇인가? 이 부분에서 더 많은 시간을 내서 사용하고 싶은 기술이 있는가? 그렇다면 그렇게 할 시간을 가져 보자.

끝맺음

요약

우리는 각자 상당히 다양한 방식으로 불가사의하게 창조되었다. 만족스럽고 기쁘게 성장하기 위해서는 이 사실을 조용히 인정하고 감사하는 것이 중요하다.

실수들이 자신을 규정짓지 못하게 하라. 비판, 목표에 못 미침, 과거의 외상, 돈이나 지위 부족 또는 어떤 다른 외적인 것이 자신을 규정짓지 못하게 하라. 각 사람은 너무 귀중하고 복잡해서 편협하게 규정지을 수 없다.

우리의 여정에서 우리는 함께 자존감을 형성하는 다양한 기술을 탐구해 왔다. 여느 다른 기술과 마찬가지로, 자존감 기술을 익히고 유지할 수 있는 훈련을 위해서는 시간이 필요하다. 아마도 의식적으로 크게 생각하지 않고도 이러한 기술의 어떤 것들을 자신의 삶 속에서 구체화할 것이다. 다른 기술을 연습하기 위해서는 의도적으로 별도의 시간을 내야 할 것이다.

때때로 이러한 가치 있는 기술들을 반복하기 위해서 되돌아가는 것을 주저하지 마라. 삶이 자신을 희롱하여 자존감을 무너뜨린다면 이 책을 다시 참조하고 자신에게 의미 있었던 기술들을 예행연습할 것을 기억하라. 일단 자존감이 형성될 수 있다면 그것은 다시 그렇게 될 수 있다.

여느 다른 중요한 건강 훈련과 같이, 자존감 형성하기와 유지하기는 진행되는 과정이다. 그러나 다른 유용한 습관처럼 일단 익히면 거의 제2의 천성이 되고, 따라서 적용하기가 더 쉽다.

자신에게 가장 중요한 기술들을 요약하고 강화하기 위해서 또는 힘든 시기 동안 빨리 생각나게 하는 것으로서의 역할을 위해서, 책 전체를 재음미하고 다음에 자신이 가장 기억하고 싶은 생각과 기술을 목록화하라.

기억하고 싶은 생각들

기억하고 싶은 기술들

부록 1

고통 속에 있는 사람을 도와주는 모델

다음 모델은 스트레스를 경험하는 사람이 어떻게 그러한 증상들을 줄이는 데 도움을 받을 수 있는지 보여 주며, 양호한 건강 회복과 자존감의 관계를 나타낸다.

스트레스
(증상)

↓

스트레스 관리 기술들

↓

우울증/불안/분노 기술들

↓

↓

이루지 못한 일 슬퍼하기/외상 기술들

↓

자존감 기술들

↓

영적 기반들

스트레스 관리하기

'스트레스'는 상당히 일반적인 용어이다. 스트레스를 경험하는 사람은 단순한 긴장에서 두통, 피곤, 불면증, 그리고/또는 고혈압에서 PMS(생리 전 증후군) 등의 병에 이르기까지 여러 가지 증상들을 드러낼 수 있다.

일단 근본적인 의학적 원인들이 없어지거나 치료된다면 스트레스 증상은 전통적인 스트레스 관리 기술에 의해서 줄어들 수 있다. 예를 들면, 체계적인 긴장 이완 훈련(점진적인 근육 이완, 명상, 자생 요법, 심호흡, 심상 등), 시간 관리, 의사소통 기술, 운동과 식이 요법, 요가, 그리고 다른 대처 기술 등을 들 수 있다. 흔히 그러한 전략들은 상당히 도움이 된다. 그것들이 효과가 없다면 조력자들은 근원적인 우울증, 불안 또는 과도한 분노를 찾아낼 수 있다.

예를 들어, 일단 의학적인 원인들이 없어졌다면 임상 우울증은 흔히 항우울 약품으로 효과적으로 치유될 수 있다. 어떤 사람들은 심리 치료에서 배운 인지 행동 기술들에 아주 잘 응답한다. 또 어떤 사람들은 약물과 상담의 조합에 아주 잘 응답한다.

해소되지 않은 슬픔이나 외상

이상의 접근법들이 전혀 효과가 없다면 조력자들은 해소되지 않은 슬픔/외상 문제들을 탐색할 수 있다. 임상 우울증이나 불안으로 전문 상담자를 찾는 사람들의 15~20%가 그러한 해소되지 않은 슬픔/외상의 징후들의 뿌리를 갖고 있다고 추정된다. 이러한 것들은 아이나 부모의 죽음에서부터 학대, 절단 수술, 사고, 범죄 또는 직업 상실에 이르는 사건들에서 연유될 수 있다(워든 Worden 1982). 증상들은 감정적인 무감각, 우울증, 신체적인 스트레스 증상들, 분노를 포함할 수 있다. 워든은 사람들이 슬퍼하고 치유하는 과정을 마치고 앞으로 나아가는 데 도움이 되는 몇 가지 적극적인 과업들을 확인했다.

자존감 회복하기

손상된 자존감은 우리가 다시 온전함을 느끼기 전에 회복되어야 한다는 것이 자주 관찰된다. 예를 들어, 성적 학대의 생존자들은 일반적으로 괴로움과 복수하고자 하는 열망이 해소되기 전에 다시 자기-가치감을 느낄 필요가 있다. 지속적으로 화를 내고 방어적인 사람은 일단 내면의 안전이 발달되면 비판을 잘 견디어 내는 것이 더 쉽다는 것을 알게 될 것이다. 어떤 경우에는, 손상된 자존감이 증상들의 원인과 결과 모두가 될 수 있다. 예를 들어, 낮은 자존감은 우울증에 걸리기가 쉬울 수 있다. 우울증이 수행 능력을 자주 손상시키기 때문에 우울증은 낮은 자존감을 더 유발시킬 수 있다. 어떤 경우든, 자존감을 발달시키는 것은 흔히 증상들을 줄이는 데 도움을 줄 것이다.

영적 기반의 강점

영적 기반/기술은 증상들을 줄이는 데 도움을 줄 수 있다. 예를 들어, 무한하고 거룩한 사랑을 이해하는 사람은 자신과 다른 사람들을 사랑하고 용서하기가 더 쉽다는 것을 알 수 있다. 모든 인간에 대한 존경과 존중은 조건 없는 인간 가치를 이해하는 데 도움을 줄 수 있다. 평온한 양심, 용서, 그리고 영원한 전망은 걱정들을 줄이는 데 도움을 줄 수 있다.

부가적인 설명들

고통받는 사람을 도와주는 이와 같은 모델에서 몇 가지 주안점들을 알아차릴 수 있다.

1. 숙련된 전문가는 증상들을 감소시킬 수 있지만, 궁극적인 목표는 자기 신뢰이다. 고통을 받는 사람은 증상이 재발하는 것을 막고, 재발한다면 괴로움을 줄이거나 점차적으로 최상의 건강을 되찾는 데 도움을 줄 수 있는 기술들을 배운다.
2. 도움을 주는 모델은 엄격한 모델이 아니라 유연한 모델이다. 예를 들어, 어떤 사람의 증상이 심각한 병리적 우울증 때문임이 명백하다면 정신 건강 전문가는 아마도 전통적인 스트레스 관리 전략들을 우선적으로 사용하지는 않을 것이다. 오히려 항우울 약물이나 전기 충격 요법과 같은, 빠르게 증상들을 줄이는 보다 적극적인 접근법들을 시도할 것이다.

인지-행동 심리 치료와 스트레스 관리는 그다음에 소개될 수 있다.

3. 자존감은 때때로 아주 많은 스트레스 증상들의 뿌리가 되기 때문에 그것은 공통분모라고 불린다. 낮은 자존감이 증상들의 원인이든 결과든, 자존감 기술들은 자주 그러한 증상들을 줄이는 데 유용할 것이다. 그러나 이 자존감 기술들이 모든 필요한 접근법들을 이용하는 균형 잡히고 포괄적인 치료 계획을 무시해서는 안 된다.

부록 2

자기 자신 용서하기

거의 모든 문화는 옳고 그른 행동을 선정하는 것과 관련된 가치들을 갖고 있다. 종교에서는 죄를 그러한 기준들을 위반하는 행동들과 관련시킨다. 죄책감은 어떤 행동들의 잘못에 대해 경고하고 그것들을 피하라는 동기를 부여하는 느낌이다. 이 부록은 건강한 죄책감에 초점을 맞춘다. 건강한 죄책감은 그 기준들이 합리적이라는 것과 자신의 행동에 대해 그 이상도 그 이하도 아닌 적절한 책임을 진다는 것을 시사한다. 어떤 느낌에 대해 거부하는 것과 똑같이 건강한 죄책감의 느낌을 거부하는 것은 심신에 해로운 결과들을 가져온다. 현대 심리학에서 자주 사용되는 수치심은 우리가 핵심까지 나쁘다는 건강하지 않은 인식과 관련이 있다.

회개는 이전의 상태로 돌아가는 것을 시사한다. 신학자들 사이에 회개의 단계에 관한 일반적인 동의가 있는데, 그것은 다른 것들 가운데 무엇보다도 하느님의 용서로 특징지어지는 정화된 상태로 돌아가는 것이다. 그 단계는 다음과 같다.

1. 그 행동이 죄를 범했다는 것과 잘못되었다는 것을 인정하라.
2. 다른 사람들이 그 행동으로 인해 상처를 받는다면 자신과 다른 사람에게 상처가 된다는 것을 인정하라. 상처, 슬픔, 실망, 공감을 느끼는 것, 그리고 이러한 느낌들과 느낌들을 일으키는 행동 사이의 관계성을 충분히 알아차리는 것은 건설적이다.
3. 잘못에 대한 인식과 행위의 결과들, 손상에 대한 적절한 슬픔을 하느님께(그리고 그러한 행동으로 영향을 받을지도 모르는 다른 사람들에게) 고백하라.
4. 가능할 때 보상하라(무언가를 가져갔으면 돌려주고, 상대방이 상처를 받거나 자존감이 손상되었다면 사과한다).
5. 그 행동을 그만두어라(예를 들어, 그것을 반복하지 않겠다고 결심하고 다시는 그 일이 일어나지 않도록 확실하고 필요한 조치들을 취한다).
6. 거룩한 생활에 전념하라. **거룩함**은 건강과 똑같은 뿌리에서 유래하며 온전함, 통합, 가치와 행위 사이에 구분이 전혀 없는 통합을 의미한다.

회개 과정을 마친 후에도 어떤 사람들은 여전히 자신을 용서하는 것이 힘들다고 생각할 수 있다. 그렇다면 다음 생각들이 도움을 줄 것이다.

잘못된 행동은 외적인 것들이다. 그것은 핵심을 둘러싸고 있고, 먼지 낀 필름처럼 빛이 들어오거나 나가는 것을 막을 수 있다. 그래서 우리는 핵심에서 어둡고 가치가 없는 사람처럼 느낄 수 있다. 그러나 이것은 현실을 반영하지 않는 느낌이다. 자신이 느낌을 정확하게 해석하는지 확인하라. 슬픈 느낌은 자신의 핵심적 가치가 아니라, 바꿀 필요가 있는 자신의 행동을 살펴보게 한다. 슬픈 느낌을 무가치한 것으로 해석하려는 모든 충동들에 저항하라. 회개가 일어날 때 우리는 행동에서 벗어나 핵심 가치를 더 정확하게 다시 경험할 수 있다.

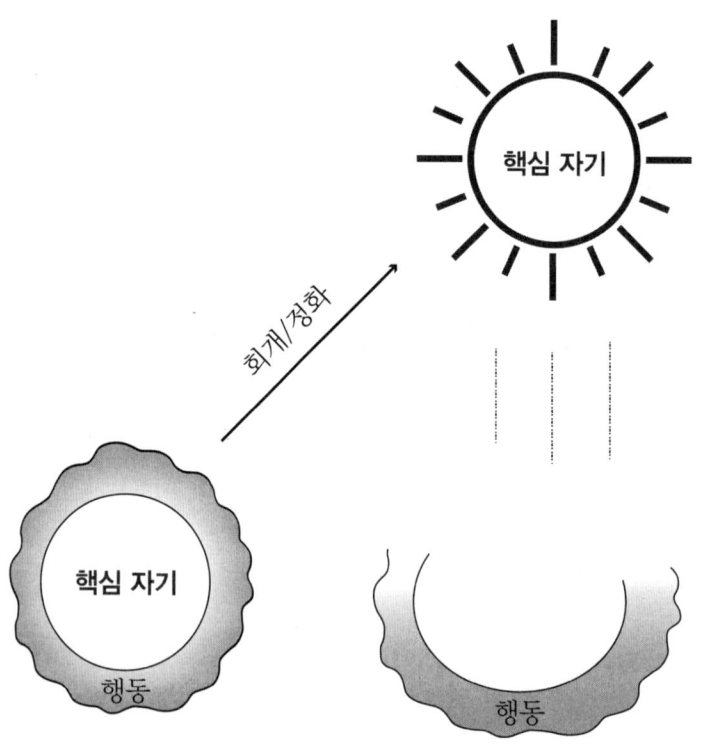

이제 행동은 기억될 수 있지만 고통은 가라앉는다.

2차 세계 대전 당시, 강제 수용소 생존자였던 빅터 프랭클(Viktor Frankl 1978)이 쓴 것처럼, "죄책감을 갖는 것은 인간의 특권이고, 죄를 극복하는 것은 인간의 책임이다." 우리는 우리 자신에게 질문한다. 얼마나 많이 남았는가? 책임을 받아들이기 위해서 내가 적극적으로 할 수 있는 것은 무엇일까? 개선하기 위해서는? 과거, 현재, 그리고 미래가 의미 있게 되기 위해서는?

부록 3

사랑으로 과거를 어루만지기

모든 살아 있는 혼은 삶의 고통스런 사건들을 경험한다. 아마 이러한 사건들 가운데 어떤 것은 여전히 당신에게 상처를 주고 당신이 자존감을 충분히 경험하는 것을 방해하고 있을 것이다. 다음에 나오는 기술은 감정적으로 치유하고 강화하는 데, 그리고 앞으로 나아가기 위해서 고통스런 감정들을 해소하는 데 도움을 준다. 치유의 가장 중요한 동인動因은 사랑이다.

어떤 사람들은 과거에 겪은 사건의 고통을 중립화하려고 하고, 그렇게 함으로써 큰 유익을 얻으려는 강한 열망을 가지고 있기 때문에 이 활동을 선택한다. 또 어떤 사람들은 과거를 재방문하려는 열망이 전혀 없다. 또 다른 사람들은 정신 건강 전문가의 도움에 힘입어 과거를 재방문하는 것을 선호한다.

지침들

1. 약 30분 정도 방해받지 않을 조용한 장소를 찾는다.
2. 자기 삶에서 여전히 고통스러운 사건을 확인한다. 그 어려운 순간들은 다음과 같은 때일 수 있다.
   - 사람들이 상처/수치심을 주었다(예 – 불친절한 말, 비판, 학대, 들볶음 또는 조롱으로).
   - 외로웠고, 거부나 무시를 당했으며, 버림받았었다고 느꼈다.
   - 자신의 행동/성취에 실망했다(예 – 당황했고, 어떻게 대처해야 할지 몰랐다, 행동이 윤리적 관점에서 잘못되었다).
3. 이 어려운 시기를 경험했던 자신의 **더 젊은 자기**를 초대하라.
4. **더 현명한 자기**인 현재 자기(더 많은 경험, 지혜, 사랑을 지닌)를 초대한다.
5. 더 현명한 자기가 어려운 사건이 있었던 과거로 돌아가는 여행을 떠나는, 더 젊은 자기에 접근하는 것을 상상한다. 더 젊은 자기가 고개를 들고 자신을 올려다보고 있다. 당신의 눈이 마주보고 있고 거기에는 친밀감과 신뢰가 있다. 더 젊은 자기가 기꺼이 자신의 말을 들으려고 한다.
6. 더 젊은 자기와 대화 속으로 들어간다. 더 젊은 자기에게 질문한다. "너를 힘들게 하는 것이 무엇이니?" 더 젊은 자기는 여러 사실과 사건의 느낌을 표현한다. 그것을 깊이 이해하고 공감하며 듣는다.
7. 질문한다. "무엇이 도움이 될까?" 말로 그리고 침묵으로 표현된 것에 집중하며 귀를 기울여 마음으로 듣는다. 다음과 같이 필요한 것들을 인지하고 제공한다.
   - 이해

- 교육. 아마도 자신이 최근에 배웠던 **그럼에도 불구하고** 기술과 같은 기술들을 가르칠 수 있다.
- 지지와 격려(예 – "네 경험과 훈련을 고려해 본다면 너는 잘할 거야." "나아질 거야." "너는 잘해 낼 거야. 나는 네가 잘할 거라고 믿어.")
- 신체적인 도움이나 보호
- 조언. 함께 생각한다. 다음과 같은 창의적인 해결책을 얻기 위해 양쪽의 경험과 지혜를 이용한다.
    - 다음과 같이 말하며 학대받았던 아이에게 조언할 수 있다. "그건 아이를 대하는 방식이 아니지." 더 현명한 자기는 보호하고 지지하기 위해 아이 옆에 서 있다.
    - 성인은 비판적인 감독에게 말할 수 있다. "나는 당신의 취지를 알아요. 나는 당신이 나를 돕는 것을 좋아해요. 그런데 당신이 긍정적인 것들을 언급해 준다면 더 빨리 발달할 수 있을 거라고 생각해요."
    - 더 젊은 자기가 잘못된/비윤리적인 방식으로 행동한다면 인간의 성숙을 촉진하는 원리와 행동들을 함께 탐구할 수 있다. 더 젊은 자기에게 이러한 더 현명한 원리와 행동들에 대해 상기시켜 주는 것을 상상해 본다. 이러한 행동들을 적용하도록 더 젊은 자기를 안내하는 것을 상상한다. 그다음 더 젊은 자기가 실제로 그것을, 사과하는 것, 행동의 원인이 되었던 상처 때문에 슬픔을 표현하는 것, 변상해 주는 것, 친절을 표현하는 등의 도움이 되는 다른 행동들을 하고 있는 것을 바라본다. 더 젊은 자기가 새로운 행동으로 인해 더 평화로운 느낌을 경험하게 하고, 그것이 어떤 것인지 당신 자신과 나누도록 한다. 이것이 더 현명한 과정이라는 확신을 준다.

- 무엇보다도, 필요한 모든 방식으로 또는 어떤 방식으로든 사랑을 전달하라.
  - 눈과 눈을 마주치며 사랑하는, 온유한, 수용하는 표정
  - 사랑스런 말들(예 – "나는 너를 사랑해.")
  - 포옹/끌어안기
  - 부드러운 접촉

8. 더 젊은 자기에게 자신이 '미래로 다시 돌아가고 있다'는 것과 자신의 사랑이 더 젊은 자기에게 남아 있을 것이라고 말한다.

9. 자신의 관심을 현재로 돌려놓는다. 다음과 같은 **그럼에도 불구하고**와 같은 진술을 사용한다. "그때는 힘든 시기**였고**, 나는 나를 사랑해." 사랑의 치유하는 느낌이 자신에게 스며들어 감싸게 한다.

매일 다른 힘든 사건들을 이용하여, 총 4일 동안 이 훈련을 반복한다. 이 훈련을 강화하기 위해서 자신이 겪은 각각의 경험을 글로 쓸 것을 권한다. 글로 적는 것은 과거와 거리를 두고 다른 시각으로 보도록 도와준다. 또한 해결책을 선명하게 보강한다.

이 훈련을 실행하는 동안 다소 기분이 처질 수도 있다. 이후 전형적으로, 이 훈련을 시작한 시점보다 기분이 상승한다. 이것은 종기를 짜내는 것과 비슷할 수 있다. 치유를 촉진하기 위해서 어떤 고통이 경험되기도 한다.

여기에 이 훈련을 하면서 겪은 한 학생의 사례가 있다. 이 학생은 자신이 아이였을 때 엄마가 보통은 자신에게 아버지에 관해서 아주 비판적으로 이야기했다는 것을 기억하고 있었다. 어린아이였을 때 이 학생은 어느 날 백화점에서 아버지에 관해 비판적인 말을 했는데, 그녀의 어머니가 그녀를 격하게

흔들며 "네 아버지에 대해서 그런 식으로 이야기하지 마!"라고 고함을 질렀다. 성장해서도 그 학생은 자신이 얼마나 충격을 받았고 상처를 입었는지를 여전히 기억하면서, 이 사건을 작업하기로 택했다.

심상에서 더 현명한 자기는 아이가 어머니에게 다음과 같이 말하도록 코치한다. "당신이 원해서 내게 말하도록 가르쳤던 것을 내가 말했는데, 무슨 이유로 내게 고함을 친 거예요?" 더 현명한 자기는 아이를 보호했지만, 바로 그때 어머니의 눈 속에 서려 있는 고통을 알아챘다. 그래서 그녀는 어머니를 껴안았다. 그리고 나서 더 현명한 자기는 아이에게 그녀가 자신과 함께 현재로 돌아간다면 그리워할 거라고 말했다. 그녀는 아이에게 더 현명한 자기가 그녀를 위해 느꼈던 위로와 사랑의 상징으로 돌멩이 하나를 주었다.

심상의 통찰력들

심상은 어려운 과거의 순간에 놀라운 통찰력과 해결책들을 가져다줄 수 있다. 위의 내용은 과거의 사건을 재작업하고 그런 다음 고통을 사랑으로 둘러쌈으로써 마무리하는 훌륭한 예이다.

4일 동안 이 훈련에 참여하기로 선택했다면 마지막에 다음을 완수한다.
1. 자신이 이제까지 배웠던 원리와 기술을 재음미하면서 하루 보내기.
2. 자신이 가장 큰 의미를 발견했던 기술들을 적용하면서 3일 보내기.

이 단계들은 다시 기분을 상승시키고 현재로 초점을 되돌리는 데 도움을 준다.

참고 문헌

Alexander, F. G. 1932. *The Medical Value of Psychoanalysis*. New York: Norton.

Borkovec, T. D., L. Wilkinson, R. Folensbee, et al. 1983. "Stimulus Control Applications to the Treatment of Worry." *Behavior Research and Therapy* 21.

Bourne, R. A., Jr. 1992. *Rational Responses to Four of Ellis' Irrational Beliefs*. Palm Beach Gardens, Fla: The Upledger Institute. (Unpublished class handout.)

Bradshaw, J. 1988. *Healing the Shame That Binds You*. Deerfield Beach, FL.: Health Communications, Inc.

Briggs, D. C. 1977. *Celebrate Yourself: Making Life Work for You*. Garden City, NY: Doubleday.

Brothers, J. 1990. "What Really Makes Men and Women Attractive." *Parade, August 5*.

Brown, S. L., and G. R. Schiraldi. 2000. "Reducing Symptoms of Anxiety and Depression: Combined Results of a Cognitive-Behavioral College Course." Paper presented at Anxiety Disorders Association of America National

Conference, Washington, DC, March 24.

Burns, D. 1980. "The Perfectionist's Script for Self-Defeat." *Psychology Today*, November.

Burns, G. 1984. *Dr. Burns' Prescription for Happiness*. New York: G. P. Putnam's Sons.

Canfield, J. 1985. "Body Appreciation." In *Wisdom, Purpose, and Love*. Santa Barbara, CA.: Self-Esteem Seminars/Chicken Soup for the Soul Enterprises. Audiocassette.

———. 1988. "Developing High Self-Esteem in Yourself and Others." Association for Humanistic Psychology, 26th Annual Meeting, Washington, DC, July.

Coopersmith, S. 1967. *The Antecedents of Self-Esteem*. San Francisco: Freeman.

Cousins, N. 1983. *The Healing Heart*. New York: Avon.

De Mello, A. 1990. *Taking Flight: A Book of Story Meditations*. New York: Image Books.

Diener, E. 1984. "Subjective Well-Being." *Psychological Bulletin* 95(3):542–575.

Durrant, G. D. 1980. *Someone Special Starring Everyone*. Salt Lake City, UT: Bookcraft Recordings. Audiocassettes.

Frankl, V. 1978. *The Unheard Cry for Meaning*. New York: Simon & Schuster.

Gallup Organization. 1992. *Newsweek*, February 17.

Gallwey, W. T. 1974. *The Inner Game of Tennis*. New York: Random House.

Gauthier, J., D. Pellerin, and P. Renaud. 1983. "The Enhancement of Self-Esteem: A Comparison of Two Cognitive Strategies." *Cognitive Therapy and Research* 7(5):389–398.

Greene, B. 1990. "Love Finds a Way." *Chicago Tribune*, March 11.

Hafen, B. 1989. *The Broken Heart*. Salt Lake City, UT: Deseret.

Howard, C. A. 1992. Individual Potential Seminars, West, TX, August.

Hunt, D. S., ed. 1987. *Love: A Fruit Always in Season*. Bedford, NH: Ignatius Press.

Kipfer, B. A. 1990. *14,000 Things to Be Happy About*. New York: Workman Publishing.

Lazarus, A. A. 1984. "Multimodal Therapy." In *Current Psychotherapies*, 3rd ed., edited by R. J. Corsini. Itasca, IL: Peacock.

Leman, K., and R. Carlson. 1989. *Unlocking the Secrets of Your Childhood Memories*. Nashville: Thomas Nelson.

Levin, P. 1988. *Cycles of Power*. Deerfield Beach, FL: Health Communications, Inc.

Lewinsohn, P. M., R. F. Munoz, M. A. Youngren, and A. M. Zeiss. 1986. *Control Your Depression*. New York: Prentice Hall.

Linville, P. W. 1987. "Self-Complexity as a Cognitive Buffer Against Stress-Related Illness and Depression." *Journal of Personality & Social Psychology* 52(4):663–676.

Lowry, R. J., ed. 1973. *Dominance, Self-Esteem, Self-Actualization: Germinal Papers of A. H. Maslow*. Monterey, CA: Brooks/Cole.

Maslow, A. 1968. *Toward a Psychology of Being*. 2nd ed. New York: Van Nostrand Reinhold.

Maxwell, N. A. 1976. "Notwithstanding My Weakness." *Ensign*, November.

Mecca, A., N. Smelser, and J. Vasconcellos. 1989. *The Social Importance of Self-Esteem*. Berkeley, CA: University of California Press.

Meichenbaum, D. 1985. *Stress Inoculation Training*. New York: Pergamon.

Michelotti, J. 1991. "My Most Unforgettable Character." *Reader's Digest*, April.

Mills Brothers. 1983. "You're Nobody Till Somebody Loves You." CBS Records/CBS Inc.

Montegu, A. 1988. "Growing Young: The Functions of Laughter and Play." Power of Laughter and Play Conference, Toronto, Canada.

Morgan, W. P. 1984. *Coping with Mental Stress: The Potential & Limits of Exercise Intervention* (Final Report). Bethesda, NIMH, pp. 11-14. Cited in W. P.

Morgan. 1985. "Affective Beneficence of Vigorous Physical Activity." *Medicine & Science in Sports & Exercise* 17(1):94-100.

National Geographic Society. 1986. *The Incredible Machine*. Washington, DC.

Nelson, R. M. 1988. *The Power Within Us*. Salt Lake City, UT: Deseret.

Nouwen, H. J. M. 1989. *Lifesigns: Intimacy, Fecundity, and Ecstasy in Christian Perspective*. New York: Image Books.

Patinkin, M. 1991. "Little Things That Make Life Worth Living." *Providence Journal-Bulletin*, April 24.

Pennebaker, J. W. 1997. *Opening Up: The Healing Power of Expressing Emotion*. New York: Guilford.

Peterson, C., M. Seligman, and G. Vaillant. 1988. "Pessimistic Explanatory Style as a Risk Factor for Physical Illness: A Thirty-Five-Year Longitudinal Study." *Journal of Personality and Social Psychology*. (55): 23–27.

Petrie, A., and J. Petrie. 1986. *Mother Teresa*. San Francisco, CA: Dorason Corporation. Videocassette.

Piburn, S., ed. 1993. *The Dalai Lama a Policy of Kindness: An Anthology of Writings by and about the Dalai Lama/Winner of the Nobel Peace Prize*. Ithaca, NY: Snow Lion Publications.

Pippert, R. M. 1999. *Out of the Salt Shaker and into the World: Evangelism as a Way of Life*. Downers Grove, IL: Intervarsity Press.

Ratcliff, J. D. 1967–1974. "I Am Joe's…" series. *Reader's Digest*.

Richards, S. L. 1955. *Where Is Wisdom? Addresses of President Stephen L. Richards*. Salt Lake City, UT: Deseret Book.

Rogers, F. M. 1970. *It's You I Like*. Pittsburgh, PA: Fred M. Rogers and Family Communications, Inc.

Rorty, R. 1991. "Heidegger, Kundera, and Dickens." In *Essays on Heidegger and Others*. New York: Cambridge University Press.

Schiraldi, G. R., and S. L. Brown. 2001. "Primary Prevention for Mental Health: Results of an Exploratory Cognitive-Behavioral College Course." *Journal for Primary Prevention* 22(1).

Schlossberg, L., and G. D. Zuidema. 1997. *The Johns Hopkins Atlas of Human Functional Anatomy*. 4th ed. Baltimore: Johns Hopkins University Press.

Schor, J. 1991. "Workers of the World, Unwind." *Technology Review*, November/December.

Seuss, Dr. 1990. *Oh, the Places You'll Go!* New York: Random House.

Sharapan, H. 1992. Associate Producer, Family Communications, Inc., Pittsburgh, PA. Personal communication, August 20.

Sonstroem, R. J. 1984. "Exercise and Self-Esteem." In *Exercise and Sports Sciences Reviews*, vol. 12, R. L. Terjung. ed. Lexington, MA: The Collamore Press, pp. 123-155.

Tamarin, A., ed. 1969. *Benjamin Franklin: An Autobiographical Portrait*. London: MacMillan.

Thayer, R. E. 1989. *The Biopsychology of Mood and Arousal*. New York: Oxford University Press.

Worden, J. W. 1982. *Grief Counseling and Grief Therapy: A Handbook for the Mental Health Practitioner*. New York: Springer.